AF532750

BusinessVillage

PATRIK WENKE

RENDEZVOUS MIT DEINEM GLÜCK

GLÜCK IST KEIN ZUFALL, SONDERN (D)EINE BEWUSSTE ENTSCHEIDUNG

BusinessVillage

Patrik Wenke
Rendezvous mit deinem Glück
Glück ist kein Zufall, sondern (d)eine bewusste Entscheidung
2. Auflage 2022

Bestellnummern
ISBN 978-3-86980-629-7 (Druckausgabe)
ISBN 978-3-86980-630-3 (E-Book, PDF)
ISBN 978-3-86980-631-0 (E-Book, EPUB)

Direktbezug unter www.BusinessVillage.de/bl/1136

Bezugs- und Verlagsanschrift
BusinessVillage GmbH
Reinhäuser Landstraße 22
37083 Göttingen
Telefon: +49 (0)551 2099-100
Fax: +49 (0)551 2099-105
E-Mail: info@businessvillage.de
Web: www.businessvillage.de

Layout und Satz
Sabine Kempke

Autorenfotos
Graça und Darius Bialojan: www.mangual.de

Inhalt

GMK

Über den Autor

Patrik Wenke ist HAPPYologe, Glücksexperte und Erfinder der Glücks-App »Glück To GO«. Als Kommunikationstrainer ist er von Geburt an Optimist und versprüht mit positiver Leichtigkeit Glücksgedanken.

Patrik möchte die Welt verändern und hat bei sich selbst angefangen. Er nimmt dich in seinem Buch auf eine sehr persönliche Reise mit, denn das Leben hat nicht nur Höhen, sondern auch Tiefen. Sein Lebensmotto:

»Es ist wie es ist, aber es wird, was du daraus machst!«

In fast jedem Unglück ist auch Glück versteckt, die Kunst liegt darin, es zu erkennen und genau dort zu finden.

Patrik hat dies am eigenen Leib erfahren und kennt die Mechanismen, mit denen es gelingt, sich immer wieder selbst zu motivieren und die Glücksweichen selbst in die Hand zunehmen.

Glück ist kein Zufall, sondern (d)eine Entscheidung.

Durch den Kontakt mit dem Pionier der Glücksforschung Professor Dr. Alfred Bellebaum, dem Abt Shi Heng Zong und dem Extremsportler und Musiker Joey Kelly wurde sein Leben sehr bereichert. Dieses Wissen und diese Erkenntnisse zu teilen, ist Patriks Herzensangelegenheit.

Patrik möchte gerne Glück teilen, so oft es geht. Dieses Buch ist der Anfang.

Patrik Wenke
von Geburt an Optimist

Happyologe®

www.happyologe.com

Vorwort

von Saliya Kahawatte

»Hier wirst du kein Glück mehr haben«,

erklärte mir der Schulleiter des Gymnasiums mit sehr ernster Stimme, kniff seine Augen etwas angestrengt zusammen und überflog noch einmal das Attest der Augenklinik, das vor ihm auf dem Tisch lag. »Ich denke, du solltest mit deinem schweren Augenfehler sofort auf die Blindenschule wechseln und die Blindenschrift lernen!«

Etwas unsicher rutschte ich auf meinem Stuhl in dem kahlen, lieblos eingerichteten Direktorenbüro herum und redete stumm mit mir selbst. »Er glaubt nicht an mich und traut mir nichts zu, egal, dann muss ich mein Glück halt auf meine ganz eigene Art herausfordern!«

Nach wenigen Augenblicken, gab ich mir einen inneren Ruck, richtete mich fest entschlossen auf und tastete mich mit meinen Blicken langsam über die riesige Tischplatte. Ich folgte den blassen Konturen seines grauen Anzugs, die mit der vergilbten Tapete hinter ihm nahezu verschmolzen. Als meine Augen ungefähr auf der Höhe des Gesichtes des etwas grimmig wirkenden Mannes ankamen, holte ich einmal tief Luft und stellte meine Vision vor. »Ich gehe nicht auf die Blindenschule, ich will in der Welt der Sehenden bleiben und Karriere machen!«

Ich erinnere mich noch sehr gut an diesen alles entscheidenden Moment in meinem jungen Leben, das ich davor eher sorglos und unbeschwert geführt hatte. Es war im Spätsommer des Jahres 1985, ich war fünfzehn und gerade in die zehnte Klasse des Gymnasiums versetzt worden. Einige Wochen vor den großen Ferien wurde bei mir eine schwere Netzhautablösung diagnostiziert, die sich in einer hundertprozentigen Schwerbehinderung auswies. Der Großteil meines Sehvermögens war unwiederbringlich verloren gegangen, seither sehe ich die Welt, wie durch eine dicke Milchglasscheibe, alles ist nur noch grau und verschwommen.

Entgegen des Rates der behandelnden Augenärzte und der Empfehlung der Schulbehörde, blieb ich auf dem Gymnasium. Sofort setzte ich meine Vision um und suchte fieberhaft nach einer neuen Möglichkeit, dem Unterricht irgendwie folgen zu können. »Wenn es mit deinen Augen nicht mehr geht, nimm doch deine Ohren zu Hilfe!«, dachte ich mir und konzentrierte mich mit meinem Gehör voll auf die Worte der Lehrer.

Meine Strategie ging auf, im Jahr 1989 schaffte ich das Abitur und war überglücklich. Danach verschwieg ich meine Behinderung und machte eine Ausbildung als Hotelfachmann in einem Luxushotel. Wie zuvor auf dem Gymnasium, war ich sehr auf mich selbst gestellt, mein einziger Verbündeter war der Wille es irgendwie zu schaffen. Mit dem Beginn der Ausbildung begann meine Mission Impossible, mit getrübten Blicken machte ich mich auf die Suche nach geheimen, verborgenen Pfaden, die mich in der Welt der Sehenden ans Ziel führen würden.

Nach dem Bestehen meiner Gesellenprüfung, hielt ich mein Handicap weiterhin geheim und setzte meine Laufbahn in der Luxushotellerie fort. Ich arbeitete als Barkeeper, Oberkellner und im Jahr 2001 sogar als Restaurantleiter.

Jeden Tag überforderte ich mich aufs Neue, ich führte ein Leben auf Lügen und auf tausend Splittern. Völlig unreflektiert, spielte ich die Rolle des Sehenden, ohne zu erkennen, dass ich schon längst keinen Durchblick mehr hatte. Mit den vielen Führungsaufgaben wurde ich zunehmend ängstlicher, immer häufiger überkamen mich heftige Selbstzweifel, die ich mit Alkohol, Medikamenten und billigen Drogen betäubte. Nach einer Verschärfung meiner Suchtprobleme verlor ich meinen Job, mehrere Suizidversuche führten mich in die geschlossene Psychiatrie, in der ich den persönlichen Tiefpunkt in meinem Leben erreichte.

Ich hatte damals viel Zeit nachzudenken, ich lernte meine Behinderung endlich anzunehmen und beschloss zukünftig offener mit ihr umzugehen. »Flüchte nie wieder vor vermeintlichen Problemen, sieh dein Leben als einzigartiges Glücksgeschenk und begegne jedem Tag mit Demut und Dankbarkeit!«, nahm ich mir vor, als ich die Psychiatrie nach einigen Monaten wieder verlassen konnte.

Mein Weg führte mich zunächst in eine Behindertenwerkstatt, in der ich die Blindenschrift erlernte und mit einer Spezialsoftware am PC ausgebildet wurde. Schon bald entdeckte ich das Internet und hatte eines Tages den Wunsch, einen akademischen Grad zu erwerben. Ich bewarb mich online für ein internationales Management-Studium, wurde angenommen und schloss es mit guten Ergebnissen ab.

Nach dem Erhalt meines Diploms legte ich mein Handicap in Bewerbungen offen und fieberte meinem Einstieg in den Arbeitsmarkt hoffnungsvoll entgegen. Doch leider war das Glück nicht auf meiner Seite, mein Schwerbehindertenausweis versperrte mir den Weg, ich erhielt nur Absagen. In keinem Unternehmen war Platz für mich, weder mein wachstumsorientiertes Selbstbild, noch meine ausgeprägte Resilienz oder meine agile Form der Lebensführung wurden von den zuständigen Entscheidern gewürdigt.

Nach kurzer Zeit rutschte ich ab in Hartz IV, ich ließ mich jedoch nicht beirren und suchte nach neuen Wegen zum Glück. Ich hatte die Vision aus meiner Behinderung ein Geschäftskonzept zu entwickeln, ich wollte meinen Makel zur Marke machen. Ohne Kapital, versuchte ich mein Kleinunternehmen auf dem Markt zu etablieren, die ersten Jahre waren sehr hart, fast täglich drohte der Konkurs.

Allen Widerständen zum Trotz, hielt ich durch und veröffentlichte im Oktober 2009 meine Autobiografie »Mein Blind Date mit dem Leben«. Das Buch schaffte es auf die Bestsellerliste, und bescherte mir zahllose Medienauftritte, die mein junges Unternehmen beflügelten.

Meine Story kam im Januar 2017 in die deutschen Kinos und wurde in vierzig weitere Länder weltweit verkauft, selbst Hollywood hat sich den Stoff an meiner Lebensgeschichte bereits gesichert.

Mit unseren Teams arbeite ich mittlerweile global und zähle börsennotierte Konzerne, mittelständische Betriebe sowie gemeinnützige Organisationen zu unseren Kunden. Mit der Saliya Foundation versuche ich auf meine Art etwas in die Gesellschaft zurückzugeben und unterstütze Menschen mit einem Low-Vision-Background auf den Gebieten Arbeit und Bildung.

An einem Tag im März des Jahres 2017 erreichte mich die E-Mail von Patrik Wenke, er hatte mich in der Sendung »Kölner Treff« mit Bettina Böttinger gesehen: »Lieber Herr Kahawatte, ich finde Ihre Lebensgeschichte inspirierend und würde mich freuen, Sie zu einem Vortrag nach Neuss einladen zu dürfen!«

Mit großem Interesse sagte ich zu und fuhr wenige Wochen darauf an einem herrlich warmen Apriltag ins Rheinland, um in den Geschäftsräumen von Herrn Wenke eine Motivationsrede vor seinen Mitarbeitern zu halten. Schon auf dem Parkplatz begrüßte mich ein sehr dynamisch wirkender Mann mit einer sympathischen Stimme und einem verbindlichen Händedruck. »Herzlich willkommen am Standort von AMC Nordrhein-Westfalen, ich freue mich sehr, dass es geklappt hat!«. Für mich war sofort klar, mit wem ich es zu tun hatte, vor meinem geistigen Auge entstand ein scharfes Bild. »Da steht ein aufrichtiger Mann vor dir, der ganz genau weiß, was er will!«.

Wir wechselten schnell ins »Du« und plauderten bei einer Tasse Kaffee, bevor ich in meinen Impulsvortrag startete. Im Anschluss sprach ich mit seinem begeisterten Team und blieb auch nach meiner Abreise in ständigem Austausch mit Patrik. Uns verbinden dieselben gelebten Werte, der gleiche Spirit und die Meinung mit einem Maximum an Selbstdisziplin, alles schaffen zu können. Wir sind mittlerweile Freunde geworden!

Irgendwann erwähnte Patrik seine Arbeiten zu diesem Buch und bat mich, ein Vorwort zu schreiben, was ich natürlich bejahte. Ich identifizierte mich sofort mit den Inhalten seiner Kapitel, seiner Glücksformel und sendete ihm diesen Text.

Ich hoffe, Sie erlauben mir an dieser Stelle ein sehr persönliches Statement: »Mit dem Streben nach Glück habe ich es geschafft, in der Welt der Sehenden Karriere zu machen, mein Teenager-Plan ist aufgegangen!«. Wenn ich mein bisheriges Leben wie ein Vogel überfliege, um es von oben zu betrachten, gelange ich zu einer ungewöhnlichen Erkenntnis:

Es waren meine vermeintlichen Defizite, aus denen ich das entwickelte, was mich heute glücklich macht!

Egal, welche Lebenshindernisse ich überwinden musste, sie haben mich nicht davon abgehalten, meinen Weg zu meinem ganz persönlichen Glück fortzusetzen. Mit der Erkenntnis, mit Dankbarkeit und Demut ein glücklicheres Leben führen zu können lernte ich mein Handicap auszublenden, um meinen Fokus mit der dahinterliegenden Energie nur noch auf die Weiterentwicklung meiner Stärken zu richten.

Wenn mir etwas nicht gelingt, übe ich mich in Selbstverantwortung und halte mich nicht mit Schuldzuweisungen auf. Auch wenn in diesem Entwicklungsprozess viel schiefgeht und schon mal ein ganzes Jahrzehnt verstreicht, ist dies für mich kein Drama! In meiner Selbstwahrnehmung habe ich keine Fehler gemacht, sondern lediglich Zeit investiert, um etwas Neues zu lernen oder die Qualität erworbener Fähigkeiten durch hartes Training weiter zu steigern. Aus diesem Grund stehe ich jeden Tag im Selbstdialog mit mir, um mich stetig zu verbessern.

Daher finde ich die Selbstreflexion und die Idee aus diesem Buch, öfters ein Rendezvous mit sich selbst zu haben, als einen wichtigen Baustein zum Glücklichsein.

Ich wünsche Ihnen viel Freude beim Lesen dieses sehr gelungenen Buches. Lassen Sie sich von Patriks Geschichten und Erkenntnissen aus diesem Buch ermutigen und inspirieren.

Ich wünsche Ihnen von ganzem Herzen alles Glück dieser Erde!

Saliya Kahawatte

Bestsellerautor »Mein Blind Date mit dem Leben«
Speaker und Coach
Inclusion Ambassador
Freund

Glück ist kein Zufall,
sondern (d)eine bewusste
Entscheidung

»Du hast aber auch immer Glück«,

diesen Satz höre ich fast jeden Tag, dabei würde ich in meiner Selbstwahrnehmung zwar nicht das Gegenteil behaupten, sondern ich würde mein Glück oder mein Unglück in einer ausgewogenen Balance und in unterschiedlicher Intension sehen.

Mein persönlicher Unterschied:

Meine Glücksmomente geben mir Freude und meine Unglücksmomente geben mir interessante Ideen und neue Anregungen.

Zugegebenermaßen hätte ich gerne auf das ein oder andere Unglück in meinem Leben verzichtet, doch zurückblickend und mit genügend Abstand, hatte fast jeder meiner Unglücksmomente, zeitverzögert, etwas Positives und Kraftvolles. In späteren Kapiteln komme ich detailliert darauf zurück.

Als ich den Glücksforscher Professor Dr. Bellebaum persönlich traf, hat er mich ganz besonders mit einem Satz beeindruckt. Es war ein magischer Satz, der viele Tage in meinem Kopf nachhallte und mir heute noch Gänsehaut bereitet:

In fast jedem Unglück ist Glück versteckt, die Kunst liegt darin, es gerade dort zu finden.

Da dieses Buch ein sehr persönliches Buch ist, in dem ich dir viel über mein Leben und meine Begegnungen mit interessanten Menschen erzähle, habe ich mich entschieden, dich von Anfang an zu duzen.

Egal ob du männlich, weiblich, divers, groß, klein, dick oder dünn bist, ob du (Nicht-)Raucher, alt, jung, (un-)sportlich, blond, braun, rot, schwarz oder weiß bist, ob du einen Hund, eine Katze oder einen Vogel hast, alleine oder mit Familie lebst, mit einem Auto oder dem Fahrrad unterwegs bist, studiert hast oder …, das Buch ist von Mensch zu Mensch und ich freue mich, dass wir gemeinsam ein

Rendezvous mit dem Glück

haben. Ich verspreche dir schon jetzt, interessante und verrückte Anregungen, die du sofort umsetzen kannst, denn

Glück ist kein Zufall, sondern (d)eine bewusste Entscheidung.

Glück ist relativ, denn jeder versteht unter Glück etwas anderes. Viele Wissenschaftler, Glücksforscher, selbst ernannte Gurus oder vermeintlich glückliche Menschen haben ihre Interpretationsweise von Glück dargelegt.

Lässt sich eine Art Glücksformel daraus ableiten?
Eine interessante Frage, die mich persönlich am meisten bewegte und interessierte, denn in einem bestimmten Lebensabschnitt, gewann diese Lebensfrage bei mir an Bedeutung.

Dieses Buch ist daher kein Ratgeber, sondern ein Anreger für Ideen, um ein glücklicheres Leben zu führen.

Der Soziologe Gerhard Schulze unterscheidet zum Beispiel zwischen zwei Arten von Glück:

Glück 1: Hier versteht er die »Freiheit von Leid und Mangel«. Diese Stufe von Glück ist der Grundsockel, die Vorstufe vom wahren Glück.

Glück 2: Hier versteht er das »schöne Leben«. Und hier sind sie wieder, die verschiedenen Interpretationen von »schön«. Genau das macht eine Einheitsformel für Glück nicht einfach.

Aber keine Sorge, zum Glück gibt es trotzdem eine Art Formel, die fast immer funktioniert und die dem wahren Glück schon ziemlich nahe kommt. Auf meiner Reise und Suche nach dem Glück habe ich viele, sehr viele interessante Persönlichkeiten kennenlernen dürfen. Ob Wissenschaftler, Soziologen, Buddhisten oder einfach nur glückliche Menschen. Es gibt viele Gemeinsamkeiten und viele Unterschiede. Aber in einem gibt es Einigkeit, das Glück kommt nicht von außen, sondern von innen, also aus dir selbst. Damit liegt das Glück also in deinen Händen,

… denn Glück ist (d)eine Entscheidung. Wie fühlt sich das Glück an, wenn es da ist? Das Gefühl der Glückseligkeit, dieser Moment der inneren Stille und dem gleichzeitigen Aufschrei »Ja!«

Es ist kein Endgefühl wie »Ja, geschafft!«, sondern ein kurzer Moment, der bewusst wahrgenommen wird. Glückseligkeit ist kein Dauerzustand, sondern eine Momentaufnahme, die immer wieder kommen kann, denn die Glückswertung eines jeden Menschen ändert sich, so wie sich auch die Persönlichkeit eines Menschen ändert.

Neue Wertegefühle, neue Gewichtung, neue Rahmenbedingungen, neues Umfeld, … Glück ist im permanenten Wandel und daher auch nicht klar definierbar, sondern so individuell wie der Mensch selbst.

Was dein Herz schneller schlagen lässt und deine Augen zum Leuchten bringt, das ist das erste Anzeichen von Glück.

Ich erzähle dir am besten mal ein schönes Beispiel von mir:
Als mein Sohn im Dezember 1996 geboren wurde und ich ihn das erste Mal in meinem Arm hielt, war das Glücksgefühl in seiner Intensität am stärksten. Alles schien in den Hintergrund zu rücken und nichtig zu sein. Ich vergleiche diesen Moment der Glückseligkeit mit einem Filmausschnitt. Im aufregendsten Moment wird auf Pause gedrückt, dem

Bildausschnitt wird volle Farbe und Intensität gegeben und dann läuft diese besondere Szene in Slow Motion für eine gewisse Zeit weiter.

Es ist, als würde die Erde für einen Moment stillstehen. Dieser kurze Moment in der Wirklichkeit ist aber ein Magic Moment in der späteren Erinnerung.

Dreiundzwanzig Jahre später hatte ich meinem Sohn eine Vater-Sohn-Tour nach Kuba versprochen. Wir sitzen standesgemäß mit einem Cuba Libre am Pool und stoßen an. In diesem Moment hatte ich zwei Glücksgefühle in unterschiedlichen Intensionen. Zum einen die Erinnerung an den ersten Moment mit ihm nach der Geburt und das damals empfundene Glücksgefühl und zum anderen ein Glücksgefühl von Stolz.

Das Beispiel zeigt, dass Glücksgefühle verschiedene Intensitäten haben können und dies stark von den inneren Werten abhängt, denn die Werte ändern sich über die Jahre. Gleichzeitig ist die bewusste Wahrnehmung von Glücksmomenten entscheidend. Vielen Menschen passieren glückliche Dinge, diese werden aber nicht wahrgenommen oder bagatellisiert.

Damit haben wir tatsächlich den wichtigsten Baustein einer universellen Glücksformel:

Wenn du Glück suchst, wirst du es nicht finden. Glück ist auch kein Endziel, sondern eine Reise. Es zählen die glücklichen Momente am Ende deines Lebens. Wie viele glückliche Momente konntest du dir sichern?

Sichern? – Ja! Sichern, wie auf einer Festplatte. Denn unser Gehirn ist leider und teilweise zum Glück darauf programmiert, negative Dinge viel besser und vor allem länger zu speichern. Dies ist eine Art Schutzfunktion, denn diese Erinnerungsfunktion von negativen Dingen soll uns helfen, zukünftig nicht wieder die gleichen Fehler zu machen.

Positive Dinge werden nicht so intensiv und nicht so lange gespeichert, da sie ungefährlich sind. So gehen uns über die Jahre viele positive Erinnerungen verloren, es sei denn wir speichern bewusst positive Glücksmomente. Speichern zum Beispiel durch ankern. Diese Methode ist aus dem NLP-Bereich (Neuro-Linguistisches Programmieren) sehr bekannt und erfolgreich. Du ankerst ein Gefühl oder ein Erlebnis mit einem Gegenstand, der dich ab sofort und am besten für immer, an diesen Moment oder an dein Gefühl erinnert.

Die Grundformel für Glück lautet daher:

1. Sei offen für Glück und gib dem Glück auch entsprechende Gelegenheiten. Sei also aktiv und geh mit offenen Augen voran.

2. Organisiere ein regelmäßiges Rendezvous mit dir selbst und nimm dir Zeit dafür. (Ich-Tag)

3. Reflektiere, was gerade gut bei dir läuft und was dich gerade glücklich macht. Nimm also Glücksmomente bewusst wahr (und wenn Sie noch so klein sind).

4. Glücksmomente genießen und festhalten (ankern und/oder speichern).

Da das Festhalten und Ankern von Glücksgefühlen in der Glücksformel elementar ist, habe ich eine App programmieren lassen, die genau das kann.

Diese GlücksApp »Glück to GO« kann deinen Glücksmoment für dich festhalten und immer wieder abrufen, wenn du es brauchst oder willst.

Wie das genau funktioniert, ist im Kapitel »GlücksApp« beschrieben. So viel vorab: Du kannst die App kostenlos nutzen und diese sogar personalisieren.

Das ist mein persönliches Geschenk an dich!

Damit hast du es in deiner Hand, deine Glücksmomente zu erschaffen, zu bewerten und zu speichern, es ist deine App für dein Glück. Damit lässt sich Glück auf Knopfdruck aktivieren. Deine positiven und glücklichen Erinnerungen zeigen dir deinen Weg zu deinem Glück.

Immer – sofort – abrufbar: Glück to go

Wahres Glück ist der Moment, in dem dir bewusst wird, dass du für dein Glück selbst verantwortlich bist und dir klar wird, dass du es selbst in der Hand hast. Also, deine Reise zum Glück beginnt mit dir selbst.

1. Was macht dich glücklich? Mach es.
2. Was dich nicht glücklich macht, kann weg!

Es sind nicht immer die großen Momente, die uns den Atem rauben und glücklich machen, sondern auch die leisen Momente, in denen wir uns rundum wohl- und glücklich fühlen.

Denke daran …

Manchmal flüstert das Glück ganz leise,
»ich bin dran«, also hör hin, sei wachsam und
werde Happyologin oder Happyologe deines
Lebens.
Schließlich ist Glück einzig und allein
(d)eine Entscheidung.
Mach die GLÜCKSFormel zu deiner Glücksformel!

Dankbarkeit

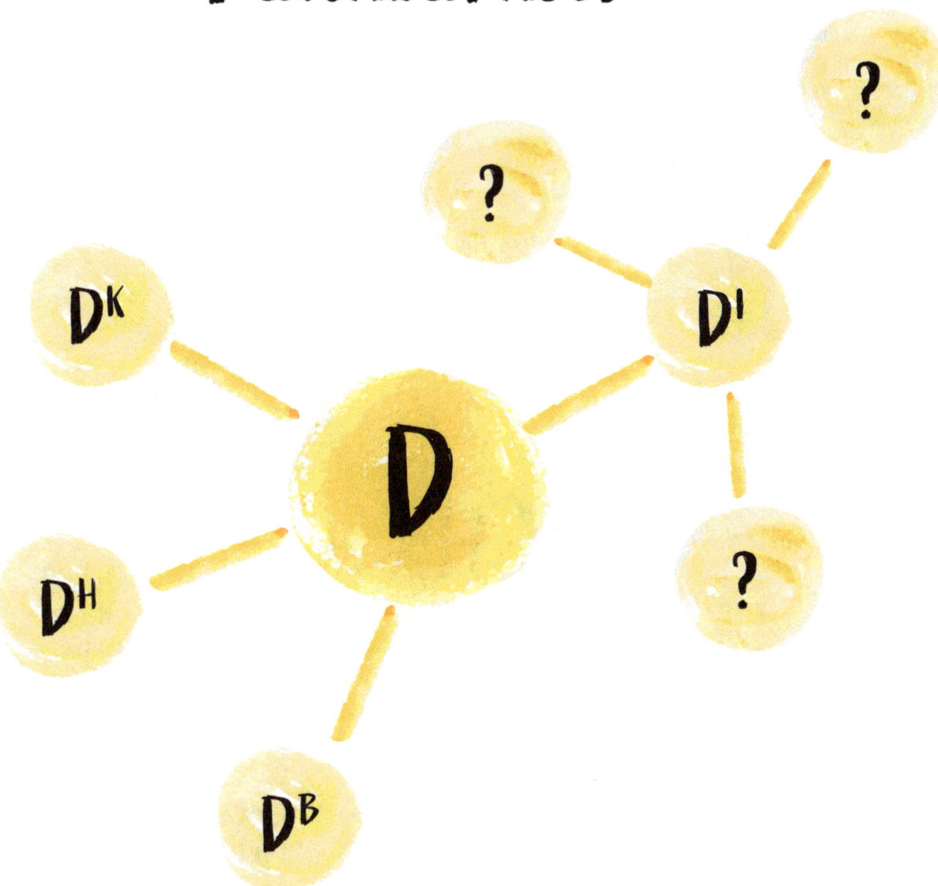

Bau dir deine ICH-Marke auf

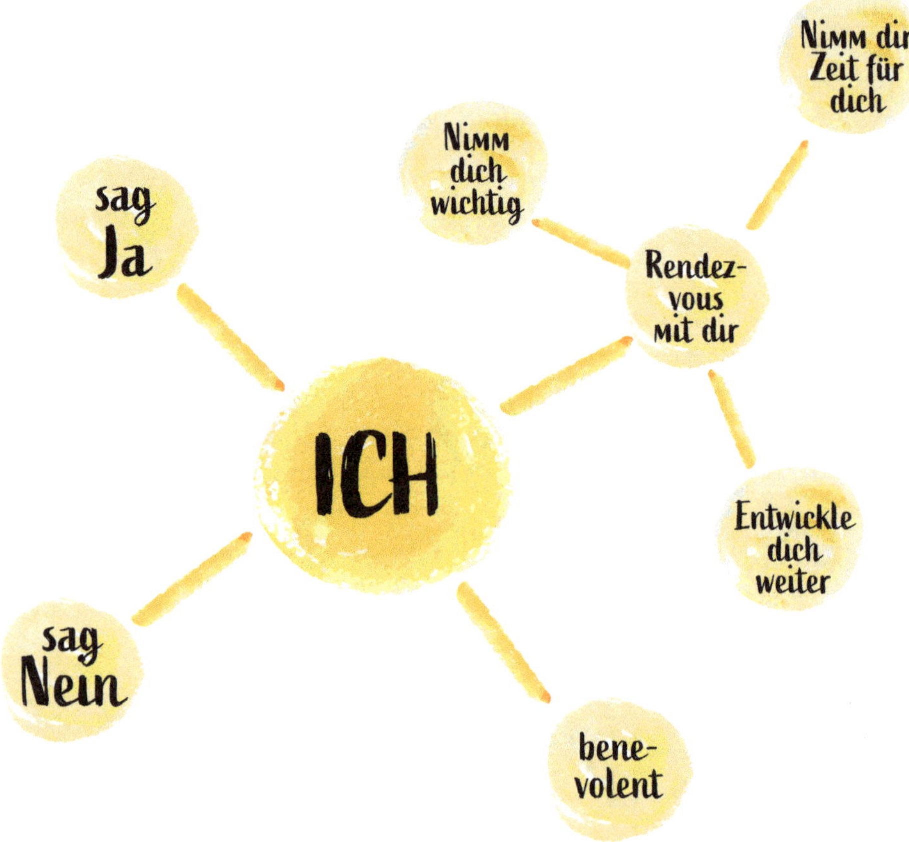

GlücksMomentKlick

Schaffe Glücksmomente

GMK

LOB

APP

GLÜCKS-Momente wahrnehmen

GLÜCKS-Momente speichern

GLÜCKS-Momente anschauen

GMK für mich

GMK für andere

GMK

Glücksmomente

» wahrnehmen
» in der App speichern
» anschauen

1.

Was macht eine Happyologin/ ein Happyologe?

Die Lehre und Wissenschaft von dem, was glücklich macht

Welche »...ologen« oder »...ologinnen« gibt es eigentlich?

Der **Astrologe**/die **Astrologin** befasst sich mit Sterndeutung.

Der **Biologe**/die **Biologin** befasst sich mit dem Leben und Lebewesen.

Der **Charakterologe**/die **Charakterologin** forscht über den Charakter.

Der **Dendrologe**/die **Dendrologin**: Wissenschaft von den Bäumen.

Der **Encephologe**/die **Encephologin**: Gehirnforschung.

Der **Futurologe**/die **Futurologin**: Zukunftsforschung.

Der **Galaktologe**/die **Galaktologin** beschäftigt sich mit ... na? Milch!

Der **Hippologe**/die **Hippologin** befasst sich mit Pferden.

Der **Ichthyologe**/die **Ichthyologin**: Egotrip? Nein ... Fischkunde ☺.

Der **Japanologe**/die **Japanologin** das ist einfach ... alles über Japan

Der **Kardiologe**/die **Kardiologin**: Herzforschung

Der **Lepidopterologe/Lepidopterologin**: Schmetterlingskunde.

Der **Neurologe**/die **Neurologin** befasst sich mit dem Nervensystem.

Der **Ökotrophologe**/die **Ökotrophologin**: Ernährungslehre.

Der **Podologe**/die **Podologin**: na, na ... ☺ nein ... Füße.

Der **Radiologe**/die Radiologin: Strahlenforschung, kein Radiosender ☺.

Der **Sexologe**/die **Sexologin**: deine Vermutung stimmt ... Sexualität.

Der **Thymologe**/die **Thymologin**: Gemüts- (nicht Gewürz-) Zustand ☺.

Der **Ufologe**/die **Ufologin** befasst sich mit Ufos.

Der **Virologe**/die **Virologin** befasst sich mit Viren (hatten 2020/2021 viel zu tun).

Der **Xenologe**/die **Xenologin**: Wissenschaft von Fremdheit.

Der **Zoologe**/die **Zoologin** befasst sich mit Tieren.

Das war nur eine kleine Auswahl der »...ologen« und »...ologinnen«.

Happyologe/Happyologin

Die Lehre und Wissenschaft von dem, was happy und glücklich macht. Hauptaufgabe eines Happyologen, einer Happyolgin:

Die Kunst, seinen eigenen Weg zum Glücklichsein zu finden und dann auch andere Menschen glücklicher zu machen.

Was stellst du dir unter einem Happyologen beziehungsweise einer Happyologin vor?

Ein Happyologe/eine Happyologin ist **nicht**:
Ein Mensch, der mit einer rosaroten Brille und geschlossenen Augen über eine vollbefahrene Autobahn läuft und denkt »das wird schon gut gehen«.

Ein Happyologe/eine Happyologin ist **nicht**:
Ein Mensch, der ohne Geld in ein Restaurant geht, Austern bestellt und hofft, dass er eine Perle findet, mit der er die Rechnung bezahlen kann.

Ein Happyologe beziehungsweise eine Happyologin ist ein Mensch, der...
... eine Situation annimmt wie sie ist.
... Risiken abwägt und seinen Fokus auf Chancen und Lösungen setzt.

... positive Aspekte sucht und findet.
... seine Chancen darin erkennt, positiv handelt und dann das Bestmöglichste aus der Situation macht.

Sollte etwas scheitern, dann analysiert der Happyologe beziehungsweise die Happyologin und zieht eine positive Bilanz für zukünftige Entscheidungen. Selbst Scheitern ist eine positive Erfahrung. Besser scheitern als gar nicht beginnen.

Besser unvollkommen begonnen, als perfekt gezögert.

Happyologen kennen ihren inneren Antrieb und was sie wirklich glücklich macht, denn Happyologen und Happyologinnen wandeln aktiv auf den Wolken, unter denen Pessimisten passiv Trübsal blasen.

To-dos der Happyologin/ des Happyologen

1. **Situation annehmen** (Es ist, wie es ist.)
2. **Situation bewerten** (Zum Beispiel: achtzig Prozent Chance, zwanzig Prozent Risiko.)
3. **Optimistisch umsetzen** (Es wird, was du daraus machst! Positive Grundhaltung.)
4. **Das Beste daraus machen** (Projekt gelingt oder ich lerne daraus.)
5. **Dabei selbst glücklich zu sein** (Deine bewusste Einstellung.)
6. **Andere glücklich zu machen** (Dein Glück weiterzugeben.)

2.

Du hast die Wahl, welche Tüte füllst du?

Wann hast du das letzte Mal etwas in deine gelbe Tüte getan?

Diese provokante Frage stelle ich immer wieder, wenn ich die Geschichte, die du gleich lesen wirst, Seminarteilnehmern und Mitarbeitern erzählt habe. Diese Geschichte habe ich das erste Mal von Anna Egger gehört und war sofort berührt. Anna Egger gab mir die Erlaubnis, diese Geschichte hier abzudrucken und mit dir zu teilen.

»Ein Mann saß auf einer Parkbank, traurig und bedrückt. Er dachte über sein Leben nach und darüber, was alles schief lief. Ein kleines Mädchen, das durch den Park schlenderte, sah den Mann, bemerkte seine Stimmung und setzte sich zu ihm auf die Bank. Sie fragte ihn: »Warum bist du denn so traurig?«
Der Mann antwortete geknickt: »Ach, weißt du, ich habe keine Freude im Leben. Ich weiß nicht, wie es weitergehen soll, alles und alle haben sich gegen mich verschworen und nichts läuft so, wie es soll.«
Das Mädchen schaute verwundert und fragte: »Wo hast du denn deine gelbe Tüte? Darf ich sie mal sehen?«
Der Mann verstand nicht und erwiderte: »Was für eine gelbe Tüte? Ich hab nur eine schwarze.« Schweigend gab er dem Mädchen die schwarze Tüte. Behutsam öffnete die Kleine die schwarze Tüte und sah hinein. Das Mädchen erschrak und sagte entsetzt: »Das sind ja nur schlimme Erlebnisse, Albträume, Unglück, Schmerz und Leid!« Der Mann entgegnete traurig: »Das ist eben so, da kann ich nichts machen.«
»Hier, schau«, sagte die Kleine und reichte dem Mann eine gelbe Tüte. Etwas unsicher öffnete der Mann diese, und er sah ganz viele schöne Dinge: Sonntage, glückliche Stunden, Lachen, Freude, Unbeschwertheit und Zufriedenheit.
Er wunderte sich, da das Mädchen noch jung war und fragte: »Wo ist deine schwarze Tüte?« Die Kleine antwortete keck: »Die werfe ich jede Woche in den Müll und kümmere mich nicht mehr darum! Ich denke,

es ist viel schöner und sinnvoller, meine gelbe Tüte immer weiter zu füllen. Da stopfe ich so viel wie möglich hinein und immer, wenn ich Lust dazu habe oder traurig bin, schaue ich hinein. Dann geht es mir gleich wieder besser. Wenn ich dann alt bin, habe ich eine ganz volle Tüte und kann mir viele schöne Erinnerungen anschauen.«
Der Mann war verblüfft. Und als er noch über die Worte der Kleinen nachdachte, war diese bereits verschwunden. Neben ihm lag eine gelbe Tüte auf der Bank. Er öffnete sie zaghaft und sah, dass sie fast leer war. Nur ein herzliches Gespräch mit dem kleinen Mädchen war darin. Der Mann lächelte und stand auf. Er nahm die gelbe Tüte mit. Auf dem Heimweg entsorgte er seine schwarze Tüte im nächsten Müllkübel.«

»Die gelbe Tüte« hat mich total fasziniert, weil sie uns zeigt, wie wichtig es ist, den richtigen Fokus zu setzen.

Worauf konzentrierst du dich, wenn du dein Glück suchst?

Auf die Vergangenheit, auf die Fehler, auf die Dinge, an denen du gescheitert bist, auf die negativen Erlebnisse, deine Niederlagen, deine schwarzen Tage … deine schwarze Tüte? Oder schaust du nach vorne, blickst in die Zukunft? Lernst aus den Fehlern der Vergangenheit, ohne daran kleben zu bleiben?

Glück ist kein Zufall, sondern (d)eine bewusste Entscheidung!

Hieran erkennst du auch, wie wichtig die Speicherung von guten Gefühlen ist. Früher füllte man die gelbe Tüte, heute nutzt du für die Speicherung deiner Glücksmomente einfach deine GlücksApp. Egal wie du deine Glücksmomente festhältst, wichtig ist, dass du diese Momente festhältst. Es wird Tage geben, an denen du viel Müll in der schwarzen Tüte hast und das beste Gegenmittel ist es, genau dann in die gelbe Tüte oder in deine App zu schauen.

Fülle deine gelbe Tüte mit dem, ...

... was du hast.

... was du kannst.

... was du schon geschafft hast.

... was du erreicht hast.

... worauf du stolz bist. ...

In schlechten Momenten kannst du dann in deine gelbe Tüte schauen. Die gelbe Tüte kannst du aber auch an guten Tagen gut gebrauchen. Einfach die Inhalte der gelben Tüte anschauen und wieder ins Gedächtnis bringen, glücklich und zufrieden sein.

Damit speicherst du deine Glücksmomente und kannst dich an diese immer wieder erinnern:

Wenn du es willst (HappyMoments).

Wenn du es brauchst (in schwierigen Zeiten).

3.

Glückliche Begegnungen

… mit Professor Dr. Alfred Bellebaum

Wenn man bei Wikipedia nach »Glücksforschung« sucht, stößt man ziemlich schnell auf einen Namen:

Professor Dr. Alfred Bellebaum.

Er ist deutscher Soziologe und gilt als deutscher Pionier der Glücksforschung. Er gründete 1990 das gemeinnützige Institut für Glücksforschung e.V. in Vallendar. Als Wirtschaftswissenschaftler und Soziologe hatte er genug zu tun, aber eines schönen Abends mit einer Flasche guten Rotwein kam ihm die Idee, das Phänomen »Glück« näher auszuleuchten und sich fortan damit zu beschäftigen.

Woher ich das weiß? – Aus erster Hand ☺. Denn die Vita von Professor Dr. Alfred Bellebaum und das Thema Glücksforschung haben mich so interessiert, dass ich kurzerhand bei ihm persönlich angerufen habe. Eigentlich ein geplanter kurzer Anruf, um eventuell ein persönliches Treffen mit ihm zu vereinbaren. Aber wer denkt, mit Professor Dr. Bellebaum ein kurzes Telefongespräch führen zu können, wird eines besseren belehrt, denn er brennt für das Thema Glück.

Nachdem ich ihm von meinem Vorhaben erzählt habe und meiner Leidenschaft für das Thema Glück, war er nicht mehr zu bremsen und fing an zu erzählen: »Angefangen von der Antike bis heute ist das Thema ›Glück‹ in aller Munde. Aristoteles, der griechische Universalgelehrte und bekannte Philosoph (384 vor Christus) prägte seinen legendären Satz ›Alle Menschen wollen glücklich sein‹. Auch die Philosophen des Mittelalters (christlich geprägt, Altes Testament) lehnen an den Glücksvorstellungen der Antike an, mit dem Unterschied, dass Glück nicht im irdischen Leben zu finden ist, sondern eher als Erlösung im Paradies.

In der Moderne wurde Glück als Moral geprägt und Unglück als Unmoral.

Arthur Schopenhauer und Friedrich Nietzsche verstehen Glück in ersten Linie aus dem Inneren heraus und machen es nicht von äußeren Umständen abhängig. Wobei Nietzsche sogar als Glückskritiker gilt. Das alles, so Professor Dr. Bellebaum, wollte ich verstehen und mit meinem Institut für Glücksforschung besser einordnen.

Denn Glück ist ein uraltes und universelles Thema, das die Menschen schon immer beschäftigt hat und immer mehr beschäftigen wird. Menschen streben nach Glück.

Diese Eingebung kam mir 1990 bei einer Flasche gutem Rotwein, die ich mit meiner Frau getrunken habe.«

Professor Dr. Bellebaum, damals neunundachtzig Jahre alt, lebt seine Leidenschaft für das Thema und schnell war für mich klar: Diesen Mann muss ich persönlich kennenlernen.

Wir trafen uns mehrmals bei ihm in Vallendar und er erklärte mir alles zu seinen Glücksthesen. Er ließ mich an seinem gesamten Wissensschatz teilhaben. Wir erzählten, philosophierten, diskutierten und lachten. Diese Zeit mit ihm hat uns beide glücklich gemacht. Professor Dr. Bellebaum lebt mittlerweile alleine, denn seine Frau ist früh verstorben. In der Wohnung sind viele Bilder und Erinnerungen. An der Haustür ist ein Wegweiser aus Pappe mit der Aufschrift »Zum Glück geht's hier lang«. Seine Bibliothek ist die Zusammenstellung sämtlicher Glücksbücher mit den Themen:

- Glückseligkeit
- Glück und geglücktes Leben
- Viel Glück
- Vom Glück der Faulheit
- Das Glücksbuch
- Wie kann der Mensch glücken
- Spielregeln des Glücks

Dazu seine Werke als Herausgeber:

- Glücksforschung
- Glücksangebote
- Staat und Glück
- Leseglück
- Glücksvorstellungen
- Ökonomie und Glück
- Glück und Zufriedenheit

und und und …

Ein wahres Glückslager ☺

Ich war beeindruckt …

Auch wenn Professor Dr. Bellebaum gesundheitlich angeschlagen ist, ließ er es sich nicht nehmen, mich beim ersten Besuch mit Kaffee und Apfelkuchen zu begrüßen. Es setzte sich in seinen Sessel und sagte: »Ich bin auf Ihre achtzehn Fragen gespannt!« Ich erwidere: »Und ich auf Ihren Apfelkuchen. ☺«

Wir lachten beide.

Ich bedankte mich für die Einladung und legte sofort los mit meinen Fragen. Wenn ich ehrlich bin, habe ich nicht achtzehn Fragen, wie am Telefon gesagt, sondern unendlich viele Fragen, aber die wichtigste Frage zuerst: »Sind Sie glücklich?«

Professor Dr. Alfred Bellebaum lachte los und sagte in ruhiger Stimme: »›Manchmal, denn Glück ist nur ein Windhauch.‹ Hier zitiere ich gerade aus ›Kohelet‹, es ist ein Buch des Tanach. Im christlichen Alten Testament wird es zu den Büchern der Weisheit gezählt, dort steht:

›Dann sage ich: versuch es doch mit dem Glück,

... aber auch das ist nur ein Windhauch.‹

Menschen streben nach Glück, aber wenn Sie nur glücklich wären, würde die Dualität fehlen, denn Sonnenschein ist nur dann schön, wenn man den Regen kennengelernt hat. Natürlich bin ich manchmal glücklich und manchmal auch nicht.

Glück ist kein Dauerzustand.

Wer dauerhaftes Glück erwartet, wird enttäuscht.«
»Ja, das stimmt«, erwiderte ich, »daher strebe ich mit meinem Glückskonzept an, dass die Glücksmomente festgehalten und gespeichert werden, damit man diese Glücksmomente in unglücklichen Situationen nochmal abrufen kann.«

Professor Dr. Alfred Bellebaum nickte bestätigend und sagte: »Gute Idee. Endlich mal was anderes. Jetzt nehmen Sie mal ein Stück von meinem Apfelkuchen, der ist echt lecker und macht manchmal glücklich.«

Mit vollem Mund stellte ich dem Professor meine nächste Frage: »Haben Sie in Ihrer Glücksforschung die Frage klären können, wie man eigentlich glücklich wird und woran man es merkt?«

Professor Dr. Bellebaum erwiderte: »Das sind schon zwei Fragen, Herr Wenke! Aber genau diese Fragen haben wir uns auch gestellt und haben eine interessante Entdeckung gemacht:

Was könnte uns das Glück näher bringen, als das Wissen, von dem, was uns unglücklich macht?

Das klingt so simpel wie einfach, aber es trifft den Kern.«

Hier musste ich nachfassen, denn das war für mich eine neue Erkenntnis: »Sie meinen also, dass es den Menschen einfacher fällt, eine Liste zu erstellen von ›Was verstehe ich unter Unglück?‹, um damit herauszufinden, was sie glücklich macht?«

Der Professor bestätigte in Professor-Haltung mit leicht nickendem Kopf und sagte: »Genauso ist es. Den Menschen fällt es immer einfacher, negative Dinge zu suchen und zu finden. Aber nicht schlimm, da sich auch so Glück über die Definition von Unglück finden lässt.

Unterm Strich zählt das Ergebnis.«

Ich war von den Ausführungen des Professors beeindruckt und berührt, denn diese Vorgehensweise erschien mir relativ einfach und sofort umsetzbar. Ich erinnerte mich daran, wie ich Menschen gefragt habe, was sie glücklich macht. Zunächst entstand eine lange Pause und dann wurde krampfhaft nach Dingen gesucht. Wurde aber nach Dingen gefragt, die sie unglücklich machen, wurde sofort losgelegt, und die Person hörte gar nicht mehr auf, zu erzählen. In der Glückssuche ist es also einfacher, eine Unglücksliste zu erstellen und daraus seine persönliche Glücksliste herzuleiten.

Während ich dachte, dass in vielen vermeintlich unglücklichen Momenten auch Glück versteckt ist, fuhr Professor Dr. Bellebaum fort und erzählte Folgendes: »Glück und Unglück liegen nah bei einander. Wenn Sie zum Beispiel ein Autounfall haben, ist das erst einmal ein Unglück, wenn Sie aber unverletzt aussteigen, ist das großes Glück. Dieses Glück im Unglück kann auch viel später zu erkennen sein.«

Ich hätte Professor Dr. Bellebaum stundenlang zuhören können. Auch wenn er, wie jeder Professor ☺, viele Einschubsätze und ausschweifende Erklärungen machte, so hielt er bei einem wichtigen Satz immer kurz inne und zelebrierte das Zitat oder die Erkenntnis.

Am stärksten war dieser Moment, als er über Glück im Unglück sprach. Er holte tief Luft, schloss die Augen und sprach in einer Tonlage, wie ein Schauspieler in einer Szene, in der er gerade einen Schatz oder den heiligen Gral gefunden hat. In diesem für mich magischen Moment sagte er:

»In fast jedem Unglück ist Glück versteckt, die Kunst liegt darin, es gerade dort zu finden.«

Dieser Satz und diese Erkenntnis ist die stärkste Botschaft, die ich für mich persönlich erkannt und mitgenommen habe, denn meine glücklichen Momente habe ich immer dann gesehen und erkannt, wenn etwas Schönes passiert ist. Seit diesem Moment sehe ich vermeintliches Unglück mit anderen Augen und mit mehr Weitsicht. Das hilft mir, noch mehr Glücksmomente zu erkennen und sichtbar zu machen.

Als ich im Zimmer von Professor Dr. Bellebaum herumlief, war ich umgeben von positiven Zeichen, Erinnerungen und Büchern. Ich stand vor seinem drei Meter langen Bücherregal und bewunderte seine gesammelten Schätze rund um das Thema Glück. Dies blieb nicht unbemerkt und Professor Dr. Alfred Bellebaum fing wieder an zu erzählen: »Als ich 1990 bei einer Flasche Rotwein mit meiner Frau philosophierte, wollte ich ein neues Projekt angehen und stolperte über den Begriff ›Glück‹. Ich stellte mir Fragen, die ich nicht alleine beantworten konnte. Die Idee, Experten zu diesem Thema zu befragen und Glückstagungen zu veranstalten, war genial. Meine Frau war sofort begeistert. Ich gründete das gemeinnützige Institut für Glücksforschung e.V. in Vallendar.

Damit habe ich den Puls der Zeit voll getroffen und viele Menschen rannten uns die Bude ein. Am Anfang gründete ich den Verein mit zwölf Mitgliedern und ich war der Vorstand. Meine Frau war Schatzmeisterin. Alle kamen sie, Wissenschaftler, Psychologen, Theologen, Philosophen und natürlich Menschen aus der Wirtschaft, die wissen wollten, wie Glück positiv für die Wirtschaft zu nutzen ist. Ich hatte einen Glücksboom ausgelöst.

Mit jeder Tagung entstand ein Glücksband. Mein persönliches Lieblingsglücksband lautet:

Der Augenblick

Die Wahrnehmung eines besonderen Augenblicks, die Wahrnehmung eines Glücksaugenblicks.«

Dann verstummte er und hatte ein leichtes Lächeln im Gesicht. Es schien, dass er genau in diesem Moment, als er mir davon erzählte einen ganz persönlichen Glücksmoment Revue passieren lies. Ich hielt für einen Moment inne und ich freute mich über seinen Gesichtsausdruck und seinen Moment, dann fragte ich ihn konkret:

»Was ist für Sie ein Glücksaugenblick?«

Professor Dr. Bellebaum erzählte in einer Lausbub-Manier: »Ich wollte mal aufhören zu rauchen und habe meine letzte Schachtel Zigaretten weggeworfen. Auf dem Rückweg hatte ich Glück und habe sie am gleichen Ort wiedergefunden.«

Wir lachten beide.

In dieser ausgelassenen Stimmung sah ich einen glücklichen Professor und fragte ihn gezielt eine wichtige Frage:

»Was ist für Sie Glück?«

Professor Dr. Bellebaums Antwort lautete: »Glück hat viele Gesichter, so heißt auch mein zweites Lieblingsband. Das Wort Glück ist zu einer Allerweltvokabel geworden. Die traditionsreichen Philosophen und Theologen des Glücks melden sich zwar nach wie vor zu Wort, die Gewichte haben sich aber verschoben. Stichworte sind unter anderem Wirtschaft, Politik, gesellschaftliche Umstände, Ländervergleiche, psychologische Befragungen, Wohlfühlangebote, Interviews und vieles mehr.

Glück ist, was Menschen als Glück empfinden.

Glück liegt im Auge des Betrachters und seiner Definition, daher finde ich Ihren Ansatz, Glücksmomente selbst zu definieren, selbst zu bewerten (10 bis 1) und sich immer wieder vor Augen zu führen, als sehr gelungen. Halten Sie daran fest, Sie können mit dieser Methode viele Menschen glücklicher machen.«

Von diesem letzten Satz von Professor Dr. Bellebaum war ich gerührt und empfand tiefe Dankbarkeit und Demut dafür, dass ich an diesem Tag Zeit mit ihm geschenkt bekommen habe. Über dreißig Jahre Glücksgeschichte und Glückserfahrungen. Professor Dr. Alfred Bellebaum, Apfelkuchen und Zeit für das Thema Glück, was wollte ich mehr? Ich war sehr glücklich und hielt genau diesen Moment für mich fest. Ich nahm mein Handy und öffnete die GlücksApp. Dann machte ich ein Foto von uns und gab dem Moment meine Bewertung

»10 glückselig«

Ich halte für einen Moment inne.

Die bewusste Wahrnehmung von Glück

Laut Wikipedia ist Professor Dr. Alfred Bellebaum der Pionier der Glücksforschung in Deutschland und ich konnte mir am ersten Tag unseres Kennenlernens ein Bild von ihm machen. Ja, er ist ein wahrer Glücksforscher mit Leidenschaft und Hingabe. Er brennt für das Thema Glück. Sein Wissen ist unbezahlbar und daher war es für mich eine besondere Ehre, ihn kennen- und schätzen zu lernen. Nach einer langen Pause und einem tiefen Gefühl der Dankbarkeit bedanke ich mich beim Professor und bat ihn zum Schluss um einen letzten Tipp für meine Leser.

Professor Dr. Bellebaum antwortete:
»Danke, dass Sie heute hier waren und wir gemeinsam über Glück philosophieren konnten. Von der Antike über das Alte Testament und die Philosophie der Neuzeit bis hin zum heutigen Tag gibt es eine Übereinstimmung in zwei Fragen:

Darin, dass der Mensch nach Glück strebt und darin, dass Glückserlebnisse zeitlich begrenzt sind.

Ich wünsche mir, dass durch Ihre Methode, die Glücksmomente länger in Erinnerung bleiben!

Viel Glück dabei! ☺«

Immer wieder besuchte ich Professor Dr. Alfred Bellebaum und wir telefonierten sehr häufig. Die Telefonate mit ihm waren reinste Energie- und Inspirationsquelle. Am Telefon merkte ich allerdings, dass sein Gesundheitszustand schlechter wurde.

Einige Monate später zu seinem neunzigsten Geburtstag hatte ich einen Überraschungsbesuch eingeplant. Zu diesem Zeitpunkt hatte ich die Verlagszusage und ich wollte ihm diese positive Nachricht persönlich vor Ort mitteilen. Eine goldene Neunzig hatte ich organisiert und dann fuhr ich nach Vallendar.

Am Empfang der Wohneinrichtung erfuhr ich, dass Professor Dr. Bellebaum in eine andere Abteilung verlegt worden ist. Es ging ihm sehr schlecht. Als ich ihn dann sah, erschreckte ich mich, denn in den letzten Wochen hatte er gesundheitlich rapide abgebaut. Er erkannte mich nicht mehr und dachte ich wäre ein Pfleger. Dieser Moment traf mich tief in meinem Herzen und ich konnte meine Tränen nicht unterdrücken, warum auch? Ich sprach mit den Pflegern und auch mit seiner Betreuerin, die ebenso traurig waren, wie schnell das alles ging.

Ich ging zurück ins Zimmer und befestigte die Luftballons mit der Neunzig an seinem Bett. Mein Professor sagte: »Och wie schön und danke!« ... Nach minutenlangem Schweigen sagte ich: »Ich habe zu danken, Professor! Sie haben Ihr Glück mit mir geteilt. Sie sind mein Held, für immer«. Ich verließ unter Tränen den Raum.

Am Montag, den 25. Oktober 2021 ist Professor Dr. Alfred Bellebaum im Alter von über neunzig Jahren nach einem langem glücklichen Leben verstorben.

ZUM GLÜCK
H2

Universitätsprofessor (em.)
Dr. rer. pol. Alfred Bellebaum
(*25. Juli 1931), Soziologe
Universität Koblenz und
Honorarprofessor Universität
Bonn

Forschungen unter anderem: Allgemeine Soziologie. Glück. Alltagsphänomene: Langeweile, Schweigen, Abschiede, soziale Probleme und soziale Berufe.

Werdegang

Diplom-Volkswirt, Dr. rer. pol., studierte Wirtschaftswissenschaften und Soziologie an der Universität zu Köln und promovierte dort bei René König mit einer Arbeit über Ferdinand Tönnies. Berufliche Tätigkeiten: Sozialabteilung der Vereinigten Seidenwebereien in Krefeld; Fachredakteur für Soziologie bei der sechsten Auflage des Staatslexikons der Görresgesellschaft im Verlag Herder/Freiburg; Lehrbeauftragter für Soziologie Universität Freiburg; Wissenschaftlicher Assistent für Soziologie im Seminar für Gesellschaftslehre der Universität Frankfurt bei Friedrich H. Tenbruck, Dozent Soziologie Höhere Fachschule für Sozialarbeit Frankfurt; Chefredakteur für Sozialwissenschaften im Lexikographischen Institut des Verlages Herder/Freiburg; ordentlicher Universitätsprofessor für Soziologie an der Universität Koblenz; zusätzlich Honorarprofessor für Soziologie an der Philosophischen Fakultät der Universität Bonn; mehrjähriges Mitglied des Vorstands der Deutschen Gesellschaft für Soziologie; einsemestrige Vertretungen Universitäten Tübingen (F. H. Tenbruck) und Köln (R. König); Gründung und Leitung des Gemeinnützigen Instituts für Glücksforschung e.V. in Vallendar (1990 – geschlossen 2006).

4.

GLÜCKSBaustein Dankbarkeit

D

Dankbarkeit

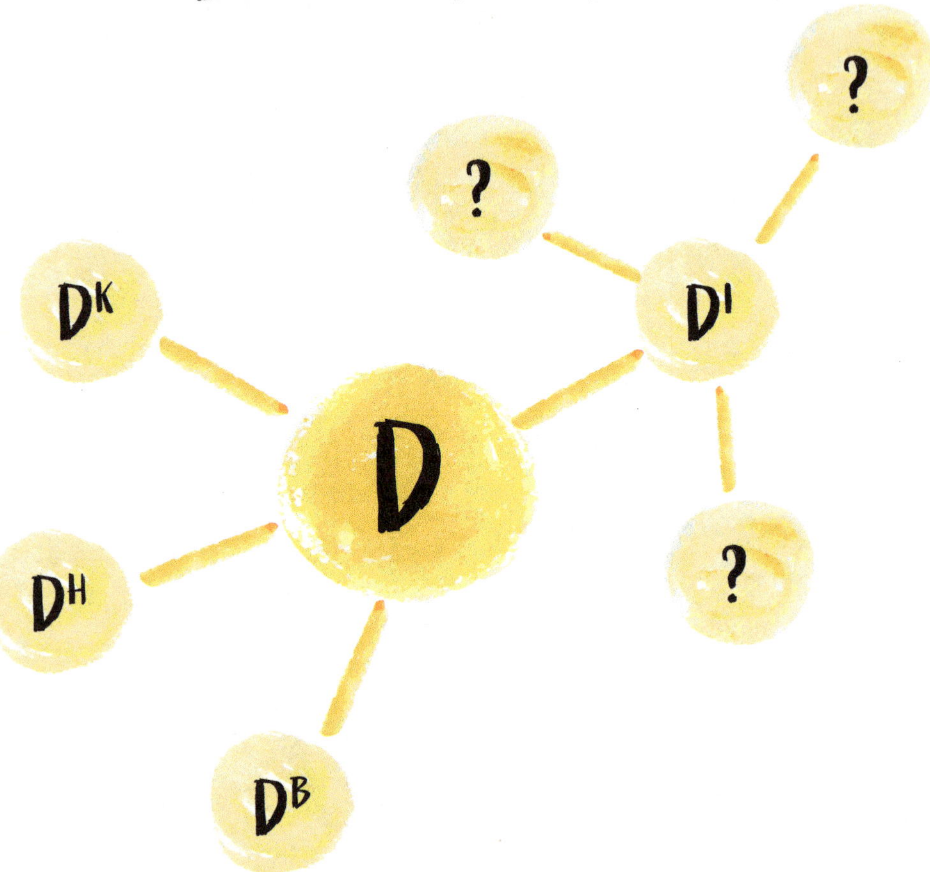

Dankbarkeit

… ist Hauptbestandteil und der Start deiner Glücksformel und gliedert sich in drei extrem wichtige Fragen:

Wer bist du?

D^B = dankbar für das,
wer du bist. (Finde dich – Kloster)

Was hast du?

D^H = dankbar für das,
was du hast. (Memento mori – Friedhof)

Was kannst du?

D^K = dankbar für das,
was du kannst. (Blind Date – Hamburg)

Eine vierte Frage betrifft deine ganz persönliche Dankbarkeit:

Wofür bist du ganz besonders dankbar?

D^I = Individuelle Dankbarkeit

In diesem Kapitel geht es um Tipps, wie du deine persönlichen Antworten auf diese vier Fragen findest. Denn diese Antworten kannst nur du kennen. Meine persönlichen Antworten auf diese Fragen habe ich in einem Shaolin-Kloster auf einem Friedhof (nicht erschrecken) und in einer sechshundert Quadratmeter dunklen Halle gefunden.

Meine Klostererfahrung lässt sich im Kapitel »Turn off the Music« erklären, meine Friedhofserfahrung im Kapitel »Memento mori« und meine Erfahrung in der absoluten Dunkelheit im Kapitel »Blind Date«. Abschließend runde ich das Thema Dankbarkeit mit einem inspirierenden Lauf-Interview mit Joey Kelly ab. Joey zu interviewen geht nur in Bewegung ☺.

Es kann sein, dass meine Antworten auf die gestellten Fragen auf dich passen und du sie eins zu eins nutzen kannst. Es kann aber auch sein, dass du deine Antworten an einem anderen Ort suchen und findest wirst. Deine Antworten auf diese Fragen, sind dein Grundstein für deine ganz persönliche Glücksformel.

Nimm dir also die Zeit dafür, denn ein stabiles Haus braucht einen stabilen Grund. Es geht in diesem Buch nicht um »mal ein bisschen glücklich zu sein«, sondern darum, zu erkennen, das Glück deine Entscheidung ist und du es in deiner Hand hast, dass dein Leben glücklich und erfüllt ist oder wird.

Mit einfachen Mechanismen und bewussten Handlungen die Führung deines Lebens zu übernehmen und selbstverantwortlich zu handeln.

Dankbarkeit ist also das Fundament, der Grundstock:

Sei dankbar und erkenne, wer du bist!

Sei dankbar und erkenne, was du hast!

Sei dankbar und erkenne, was du kannst!

Spüre einfach tiefe Dankbarkeit und schlage damit den schnellsten Weg zu deinem Glück ein. Dieser Weg ist der Beginn deiner Glücksreise …

Ich habe noch nie eine dankbare Person gefunden, die verbittert war und noch nie eine verbitterte Person, die dankbar war.

Aber wie geht es weiter? Meine persönliche Erkenntnis auf der Suche nach Glück war schnell gefunden.

Meine Seele brauchte Ruhezeiten.

Um Glück auf dem Dankbarkeitsgrundstein aufzubauen, braucht es Ruhe. Das schaffst du mit gezielten Auszeiten. Dazu musst du erst einmal runterfahren, quasi einen Resetknopf drücken, der dir die Zeit gibt, dich in Ruhe zu erfahren, dich zu erkennen.

Wie macht man das am Besten? In dem man einen Ortswechsel macht und dem Alltag komplett entflieht. In dem du entschleunigst, Zeit für dich findest … wenn auch nur für einen Moment. Gib dir und deinem Körper Zeit, bewusst durchzuatmen.

Zum Beispiel bei einem Waldspaziergang.

Im Wald hast du ganz schlechten WLAN-Empfang, aber den besten Empfang zu dir selbst!

Wenn ein Waldspaziergang nicht mehr reicht, brauchst du eine längere Auszeit. Am besten geht es natürlich mit Meditation, egal welche Art der Meditation. Und wenn deine Seele zur Ruhe kommt und die letzte unruhige Welle am Ende deines inneren Sees angekommen ist, dein innerer See also in vollkommener Ruhe verharrt, dann halte kurz inne, genieße den Moment und starte dann dein persönliches Glücksprogramm.

Meine persönliche Reseterfahrung habe ich in einem Shaolin-Kloster erlebt. Dort habe ich mit Abt Shi Zong gesprochen. Das Interview mit ihm war nicht nur sehr inspirierend und wegweisend für mich, sondern bescherte mir einen sehr, sehr sehr, glücklichen Tag.

5.

DB

Sei dankbar und erkenne,

wer du bist!

Dankbarkeit

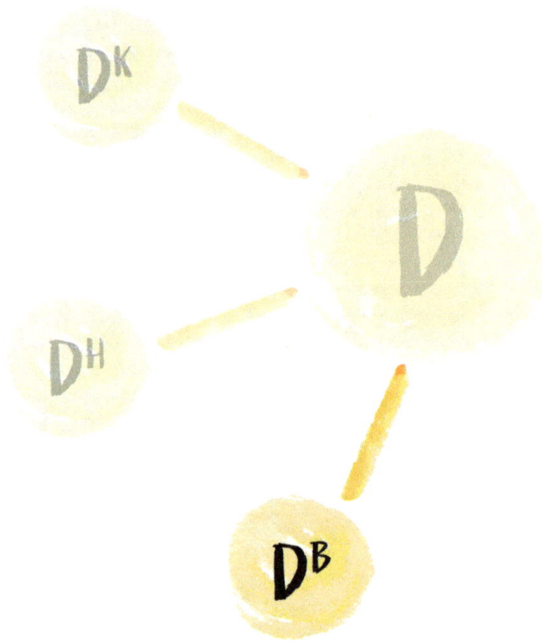

Auf meiner Suche nach dem Weg zum Glück bekam ich von einem Freund einen Tipp. Er erzählte von einem Kloster, genauer gesagt dem Shaolin Temple Europe in Otterberg (Rheinland-Pfalz). Dort fand ein traditionelles Ullambana-Fest statt. Das Ullambana-Fest wird zum Gedenken der Eltern und Vorfahren gefeiert.

Buddha lehrte: »Denkt jederzeit an eure Eltern und Vorfahren. Alljährlich aus Kindesliebe im Gedenken an sie, haltet die Ullambana-Feier.«

Dieses Ullambana-Fest bot mir die Gelegenheit, einige Meister kennenzulernen und an Übungen teilzunehmen. Angeboten wurden unter anderem Qigong-Kurse. Qigong hält den Geist klar und hilft, den Körper belastbar und dynamisch zu trainieren bei simultan ausgleichender Ruhe seiner Emotionen. Qigong ist als praktische Verbindung zu verstehen, in der sich alte Kunst und moderne Wissenschaft vereinen.

In den ebenfalls angebotenen Tai-Chi-Kursen wurde den Teilnehmern die bewegte Meditation nahegebracht. Ziel war die Harmonisierung von Körper und Geist.

Dieser wundervolle Tag machte mir ganz schnell klar, dass ich hier fündig werde, auf meiner Suche nach dem Weg zum Glück.

An diesem Tag gab es für mich zwei Kernbotschaften:

1. Turn off the Music

Komm zur Ruhe und schalte alle Außengeräusche ab. Finde dich und deine innere Mitte.

2. Play your own Music

Höre auf deine innere Stimme und fange an, Mitgestalter deiner eigenen Stimme zu werden.

Was ist deine eigene Musik? Deine Berufung? Deine Persönlichkeit? Deine Aufgabe? Deine Mission?

Ich war so unendlich dankbar für diese Erkenntnis und wollte mehr wissen, also ging ich zu

Abt Shi Heng Zong, 释恒宗 法師,

der im Tempel saß und allgemeine Fragen über Buddhismus und den Alltag im Kloster beantwortete. Als ich vor ihm stand, fragte ich sofort los:

»Was ist Glück? Und: Wie finde ich es?«

Auf diese zwei Fragen gab es eine sehr schnelle und sehr inspirierende Antwort vom Abt.

»Setz dich Junge,

die Antwort kann länger dauern!«

Und dann saßen wir und er erzählte und erzählte und erzählte …
Ich wollte mitschreiben, damit ich nichts vergesse. Doch der Abt sagte:

»Was du über Glück wissen musst, ist ganz einfach: Die meisten Menschen suchen vergeblich das Glück im Außen, dabei liegt das Glück in dir und es kann auch nur von dir entdeckt werden.«

Die meisten Menschen suchen das Glück im Außen: Wenn ich im Lotto gewinne, wenn ich eine andere Beziehung hätte, wenn ich mehr Geld hätte, wenn ich einen anderen Job hätte, wenn ich nur jünger wäre, wenn ich älter wäre, wenn ich fitter wäre, wenn ich …

Wenn du Glück im Außen suchst, bist du von äußeren Umständen abhängig. Also wartest du auf bessere Umstände, bessere Möglichkeiten, bessere Chancen, bessere Zeitpunkte, bessere … Und dann wartest du und wartest und wartest und machst dein Außen für dein Unglück weiterhin verantwortlich.

Wenn du dann das Glück hast, dass von außen etwas kommt, was dich glücklich macht, bist du wieder davon abhängig. Denn was von außen kommt, ist anfällig und nicht von Dauer. Du wünschst dir ein Auto? Du bekommst das Auto. Und eines Tages ist das Auto weg (Diebstahl, Unfall, Defekt et cetera). Jetzt bist du wieder unglücklich.

Wahres und vor allem dauerhaftes Glück kommt von innen, denn das innere Glück ist nicht anfällig von äußeren Umständen. Es ist autonom und bleibt. Wahres, inneres Glück ist immer wieder abrufbar, wenn du es brauchst. Dieses Glück gehört dir!

Ich bedankte mich beim Abt und erzählte ihm von meinem Buchprojekt. Da die Schlange der Menschen, die Fragen an den Abt hatten, immer länger wurde, verabredeten wir uns für einen späteren Interviewtermin.

Kurze Zeit später fuhr ich also voller Vorfreude erneut nach Otterberg (sechshundert Kilometer hin und zurück). Jeder Kilometer war es wert, denn weitere Botschaften und Geschichten zum Thema Glück überwältigten mich.

Das Interview fand im Kloster statt. Wie zu erwarten, war es ein wundervoller, glücklicher Tag, an dem wir lachten, philosophierten und Geschichten erzählten, die unsere Herzen berührten. Ich bedankte mich noch einmal ganz herzlich für die Einladung zum Ullambana-Fest und dieser bereichernden Erfahrung eines Umfeldes voller Harmonie und klarem Bewusstsein, sowie des Einblicks ins Klosterleben und zum Thema Buddhismus. Da ich zum Buddhismus noch eine große Neugier verspürte, fragte ich den Abt nach den tieferen Botschaften des Buddhismus.

Abt Shi Heng Zongs Antwort lautete: »Schön, dass es dir gefallen hat. Der Buddhismus hat eine lange Tradition in vielen Bereichen.

Wichtig ist der Einklang mit sich selbst durch Achtsamkeit, der Einklang mit anderen Menschen durch Würde und der Einklang mit der Umwelt und allen Lebewesen mit Respekt.

Das hat auch etwas mit Glück zu tun, denn wir wünschen allen Lebewesen in unserem täglichen Gebet Glück.

Mögen alle Lebewesen mit Glück und den Ursachen von Glück erfüllt sein. Mögen alle Lebewesen von Leid und den Ursachen von Leid getrennt sein. Mögen alle Lebewesen in Gleichmut verweilen, frei von Anhaftung und Hass. Mögen alle Lebewesen glücklich sein.«

Damit waren wir ja sofort wieder beim Thema Glück. Ich bat den Abt auf den Punkt »Einklang mit sich selbst durch Achtsamkeit« detaillierter einzugehen.

Darauf antwortete Abt Shi Heng Zong: »Wenn du die Welt verändern willst, fang bei dir an.

Ich glaube jeder Mensch ist für sich selbst der Mittelpunkt der Welt. Nur von dort aus kann er die Welt wahrnehmen und verändern.

Wenn der Mittelpunkt (also du) nicht glücklich (b)ist, wie soll der Rest der Welt glücklich sein? Fang bei dir an und bringe dich in Einklang. Übe dich in Achtsamkeit. Achtsamkeit alleine reicht nicht, du musst auch in Aktion kommen. Dazu gibt es eine schöne passende Geschichte:

›Eine reiche Frau hat seit Jahren ihr Haus nicht verlassen, weil sie Angst hat, dass ihr Besitz ausgeraubt wird. Sie ist jeden Tag zu Hause und passt auf. Eines Tages muss sie zum Amt und auch persönlich erscheinen. Sie benachrichtigt ihren Gärtner und sagt: ›Sei achtsam‹.

Die Frau verlässt ihr Haus und kommt nach drei Stunden wieder. Die Eingangstür steht weit offen und alles wurde ausgeraubt. Sie rennt zum Gärtner und schimpft, dass er nicht achtsam war.

Der Gärtner erwiderte: ›Aber ich war achtsam.‹

Es waren vier Einbrecher: Ein kleiner Mann, zwei mittelgroße und ein großer Mann. Zuerst haben Sie die Tür aufgebrochen. Dann haben Sie die Möbel rausgetragen und anschließend den Tresor. Zum Schluss haben sie noch die Gemälde eingepackt und dann sind sie fortgefahren.‹

Achtsam zu sein alleine, reicht nicht, du musst auch ins Tun kommen.

Achtsamkeit heißt also nicht nur Wahrnehmung, sondern auch Handeln. Beispiel Umwelt: Es reicht nicht, dass du achtsam bist und siehst, wie die Umwelt zerstört wird. Du solltest auch ins Handeln kommen, aktiv etwas zum Umweltschutz beitragen und unsere Ressourcen schützen.« Was für eine schöne Geschichte zum Thema Achtsamkeit.

Dazu fiel mir ein Satz ein, den der Meister des Qigong-Kurses beim Ullambana-Fest gesagt und der mich im Anschluss tagelang bewegt hatte. Er sagte, dass unser Umfeld zu laut sei und dass uns viele Eindrücke von außen von uns selbst ablenken. Um zur Ruhe zu kommen, sollte ich alle Außengeräusche ausschalten. Er nannte es:

Turn off the Music

Abt Shi Heng Zong hatte dafür ein passendes Beispiel: »Um mit dir selbst im Einklang zu sein, braucht es Ruhe. Schau hier …« Der Abt nahm ein Glas Wasser, hält es über ein Blatt Papier und bewegt es. »Und? Kannst du etwas lesen, was auf dem Papier steht?«

Natürlich konnte ich nichts lesen.

Nachdem der Abt nun das mit Wasser gefüllte Glas auf das Blatt gestellt hatte und das Wasser sich nicht mehr bewegte, fragte er erneut: »Kannst du es jetzt lesen?«

Ja, jetzt konnte ich es klar und deutlich lesen!

Daraufhin Abt Shi Heng Zong:

»Wenn du nicht zur Ruhe kommst, kannst du nichts erkennen. Das ist der Grund, warum wir geistberuhigende Meditation machen. Es hilft uns, klar und deutlich zu sehen. Tief in dir liegen alle Antworten und auch das Glück findest du in dir. Du musst dir nur die Zeit nehmen und genau hinsehen!«

Ich war beeindruckt, wie einfach und logisch das klang und das Beispiel ließ keinen Zweifel. Ich bin selbst ver***antwort***lich für mein Glück. Die meisten Menschen suchen das Glück im Außen, machen auch das Außen dafür verantwortlich und geben diesem die Schuld für das Nicht-Glück. Wem du Schuld gibst, gibst du Macht. Heißt also:

Macht = Ich bin für mein Glück selbst verantwortlich.

Machtlos = Ich suche die Schuld im Außen.

Das sah Abt Shi Heng Zong ebenso: »Genauso ist es. Äußeres Glück ist nicht bedingungslos und damit nicht wahrhaftig. Materialistisches Glück ist abhängiges Glück und macht uns machtlos in unserem Glück.

Bedingungsloses Glück findest du nur in dir und verleihst dir damit Macht über dein Glück. Es gehört dir – bedingungslos und für immer.

Das innere Glück ist erfüllend und nur von uns. Daher haben wir die Macht über unser eigenes Glück und sind nicht machtlos, wenn das äußere Glück plötzlich verschwindet.

Viele Menschen denken immer noch, man könne sich Glück kaufen. Für einen kurzen Moment ist das vielleicht auch so. Ich kann mir im heißen Sommer eine Klimaanlage kaufen und bin damit für den Moment vermeintlich glücklicher als die Menschen, die keine Klimaanlage haben. Aber gekauftes Glück ist nicht langfristig und vor allem nicht wahrhaftig.«

Das warf in mir noch eine neue Frage auf: Wie ist es möglich, das bei Menschen anzuwenden, mit denen Streit vorherrscht oder generell ein Klarkommen schwierig erscheint?

Auch darauf hatte Abt Shi Heng Zong eine Antwort: »Menschen, mit denen es schwierig ist, klarzukommen, haben meistens andere Ansichten als man selbst. Das ist aber grundlegend nicht falsch. Jeder Mensch hat seine Wahrnehmung, die er für richtig oder falsch hält.

Mit Menschen im Einklang zu leben, heißt in erster Linie Respekt und vor allem keinen Zorn zu zeigen.

Zorn ist es, wenn du Gift trinkst und hoffst, dass der andere stirbt.

Zorn schadet dir am meisten und zeigt, dass du (noch) nicht im Einklang mit dir selbst bist.« – Das leuchtete mir ein. Wut und Zorn ist eine Strafe, die wir uns selbst für den vermeintlichen Fehler eines anderen geben. Dies hält uns vom Glücklichsein ab.

Darauf Abt Shi Heng Zong: »Lerne zu vergeben und zu verzeihen. Das heißt nicht, dass du etwas gutheißt, sondern, dass du es loslässt und nicht zu deinem Gefängnis machst. Loslassen und Verzeihen sorgt also für ein Leben im Einklang mit anderen Menschen, aber in erster Linie sorgt es für ein Leben im Einklang mit dir selbst. Wir haben hier im Kloster eine schöne Übung, um loslassen zu lernen. Du nimmst einen Plastikbecher, zerknüllst ihn in deiner Hand und achtest darauf, dass er keine Risse hat. Dann schüttest du mit der anderen Hand heißes Wasser in den Becher. Vertraue mir, du lernst sehr schnell, loszulassen ☺«

Ich musste schmunzeln. Ja, das glaubte ich. Als ich jonglieren lernte, sagte der Lehrer zu mir, das Schwierigste beim Jonglieren ist nicht das Fangen der Bälle, sondern das Loslassen. Hier haben wir als Mensch eine innere Blockade, die es zu lösen gilt. Ich glaube, dass auch Jonglieren eine schöne Übung zum Loslassen ist. Gleichzeitig lerne ich dadurch innere Balance, Ruhe und Gelassenheit.

Das brachte mich direkt zur nächsten Frage. Wenn ich also mit mir und anderen Menschen im Einklang bin und ich meine Außenmusik für einen Moment ausschalte, wie kann ich dann meine neue Musik aufspielen?

Play your own Music

Abt Shi Heng Zong antwortete: »›Play your own Music‹ ist der Beginn deiner Selbstfindung und vor allem deiner Selbstgestaltung. Spiel deine Musik, und steuere damit bewusst dein bewusstes Ich. Keine Einflüsse von außen, sondern alles von deinem inneren Ich. Wenn du zur Ruhe gekommen bist und die Außenmusik für einen Moment ausgeschaltet hast, findest du Antworten auf alle deine Fragen. Höre nur auf deine innere Stimme und lass Emotionen zu. Emotionen sind aufgewühltes, schmutziges Wasser im Geist. Emotionen sind unkontrolliert. Deshalb verwandle Emotionen in Gefühle, damit du diese bewusst durch geistige Ruhe steuern kannst. Damit gelangst du zur inneren Ruhe und Gelassenheit und schaffst es, deiner eigenen Musik zu lauschen …

Was sind deine Stärken und kannst du diese noch ausbauen?
Was bewegt dich, was treibt dich an?
Was sind deine wirklichen Ziele?
Wer möchtest du sein?
Worauf kommt es an?
Was sind deine inneren Werte, die für dich wichtig sind?
Was möchtest du in deinem Leben erreichen?
Was ist deine Mission in diesem Leben?
Wozu kannst du dein Leben nutzen?
Was kannst du verbessern?

Und natürlich die wichtigste Frage:

Was macht dich glücklich?

Aus dieser gelassenen Ruhe kannst du dann deine eigene Musik aufspielen: Play your own Music!«

Wow, so viele wertvolle Einsichten. Hier als To-do-Plan einmal zusammengefasst:

1. Turn off the Music.

2. Kontrolliere deine geistige Ruhe.

3. Genieße die Stille für einen Moment.

4. Stelle dir die drei Fragen:
   1. Wo stehe ich jetzt und wohin will ich?
   2. Was will ich und was will ich nicht?
   3. Wer bin ich und wer will ich sein?

5. Und dann ... Play your own Music

Zur Erklärung:

Wo stehe ich jetzt und wohin will ich?

ist mit einem Navigationssystem im Auto zu vergleichen. Um die Navigation zu starten, brauchst du: a) einen Startpunkt und b) einen Zielpunkt. Beides ist wichtig.

Was will ich und was will ich nicht?

Diese beiden Fragen geben dir klare Botschaften: Spüre in dich hinein: a) Was will ich? und b) Was will ich nicht? Beides ist wichtig.

Wer bin ich und wer will ich sein?

Gibt dir einen Zustandsbericht:
a) Istzustand Ich 1.0
b) Sollzustand Ich 2.0 oder weitere Versionen
c) Plane deine Wunsch-Veränderung

Abt Shi Heng Zong ging noch einen Schritt weiter: »Wir wissen mittlerweile, dass sich unser Körper, unsere Zellen alle sieben Jahre erneuern und sich damit unser Körper permanent verändert. Unsere Wahrnehmung, unser Denken, unser Bewusstsein. Trotzdem vergleichen sich viele Menschen mit anderen und sind im Vergleich unglücklich. Der wahrhaftigste Vergleich ist der Vergleich mit sich selbst. Wie und wer war ich vor sieben Jahren? Vor fünf Jahren? Vor drei Jahren? Letztes Jahr? Welche Fortschritte, Erfahrungen und Erkenntnisse habe ich in den letzten Jahren gemacht?

Vergleiche dich nicht mit anderen, sondern vergleiche dich mit deinem früheren Ich! Dieser Vergleich ist ehrlich und wahrhaftig.«

Das konnte ich sehr gut nachvollziehen. Ich glaube, dass wir, gerade durch den Vergleich mit anderen, unserem eigenen Glück oft im Wege stehen.

Ich habe auch dazu eine schöne Geschichte:
»Als ich vor vielen Jahren meinen Führerschein machte und nach einigen Fahrstunden auf der Autobahn fahren durfte, sagte mein Fahrlehrer zu mir: ›Patrik, ab hier ist keine Geschwindigkeitsbegrenzung, gib mal Gas‹.

Ich gab also auf der mittleren Spur Gas und hatte für mich eine gute und schnelle Geschwindigkeit. Ich empfand mich als sehr schnell und fuhr auf die linke Spur. Ich blinkte zwar, schaute aber nicht in den Rückspiegel. Sofort griff der Fahrlehrer ein und hielt mich vom Spurwechsel ab. Gleichzeitig schoss ein Fahrzeug mit extrem hoher Geschwindigkeit links an uns vorbei. Mein Herz klopfte bis zum Anschlag. Nachdem wir die nächste Ausfahrt runtergefahren waren, parkte ich den Wagen und schnappte nach Luft.

Dann sagte mein Fahrlehrer mit tiefer und ernster Stimme etwas, was ich bis heute nicht vergessen habe: »Egal, wie schnell du bist, einer oder eine ist immer schneller, daher lass sie oder ihn vorbeiziehen und finde deine Geschwindigkeit.«

Nach vielen Jahren habe ich die wahre Bedeutung dieses Satzes verstanden, denn es ist immer einer schneller, besser, klüger, reicher, ...

Wenn du gewinnen willst, hör das Kämpfen auf. Der einzige, den du besiegen kannst und darfst, bist du. Werde die beste Version von dir.

Wenn dir dein persönlicher Vergleich nicht gefällt – entwickle dich weiter, denn du hast alles in dir.

Verändere dich und du veränderst die Welt.

Das unterstrich auch Abt Shi Heng Zong: »Genauso ist es. Du allein trägst die Veränderung und das Glück in dir.«

Was für eine schöne Erkenntnis. Ich bedankte mich ganz herzlich für dieses inspirierende Interview und für die glückliche Zeit im Kloster. Ich kann nur jedem empfehlen, diese Kloster-Erfahrung live zu erleben.

Abt Shi Heng Zong betonte beim Abschied noch einmal, dass jeder im Kloster willkommen ist: »Viele Menschen sind auf der Suche nach Antworten oder verspüren eine Lust auf eine eigene Veränderung. Hier im Kloster kommt jeder zur Ruhe. Ob reich oder arm, alt oder jung – unsere Tür steht, nach vorheriger Anmeldung, für alle offen.

Zum Abschluss wollte ich vom Abt gerne noch wissen, ob es einen besonderen Glücksmoment im Leben eines Abtes gibt?

Seine Antwort lautete: »Es gibt viele Glücksmomente. Zum Beispiel immer, wenn es gelingt, dass Menschen nach unserem Klosterbesuch klarer sind, sich selbst gefunden haben und glücklicher nach Hause gehen. Mein persönlicher Glücksmoment war ein persönliches Treffen mit dem Dalai Lama. In seiner Gegenwart spürte ich die wahre Bedeutung von Liebe, Mitgefühl und Weltfrieden.«

Jeder Mensch hat das Glück verdient und das Recht, glücklich zu sein.

Shi Heng Zong – 释恒宗 法師
Abt des Shaolin Temple Europe
Sitaigung des Buddhistischen Ordens
von Shaolin-Mönch der 35. Generation von Shaolin
歐洲少林寺方丈
歐洲德国卡伊色斯劳屯少林寺寺太公
和尚

Weinbrunnerhof 4 | 67697 Otterberg | Kreis Kaiserslautern
Germany | Allemagne
T +49 (0)6301-7999899 | F +49 (0)6301-7999875
E-Mail: sitaigung@shaolintemple.eu
www.shaolintempel.org | www.shaolintemple.eu

6.

Memento mori

Sei dankbar und erkenne, was du hast!

Dankbarkeit

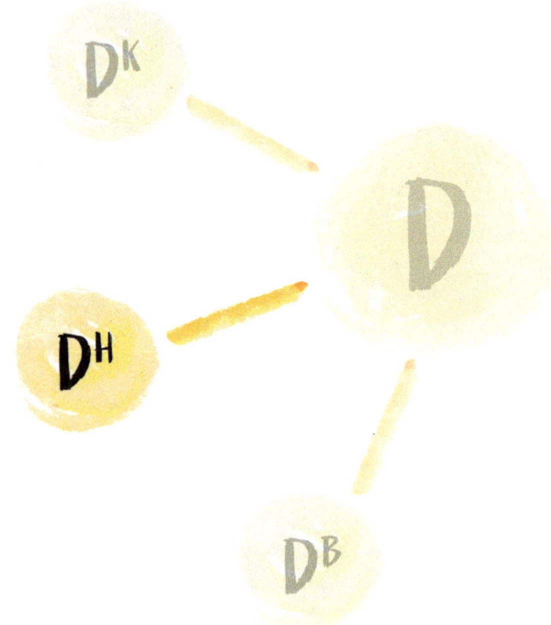

Der Ausdruck »Memento mori« (lateinisch: Sei dir deiner Sterblichkeit bewusst) entstammt dem mittelalterlichen Mönchslatein. Ein Symbol der Vergänglichkeit und ein wesentlicher Bestandteil der kluniazensischen Liturgie. Sinngemäß in der heutigen Sprache bedeutet das …

»Wenn der Tod im Raum steht, hast du für Bullshit keine Zeit.«

Wenn ich also für eine kurze Zeit über Memento mori nachdenke, bekommt Zeit eine neue Dimension, eine neue Bewertung, eine neue Gewichtung. Dadurch konzentriere ich mich in meiner neuen Bewertung:

a) auf das Wesentliche,
b) auf das wirklich Wichtige,
c) auf die begrenzte Zeit für Entscheidungen.

Memento mori hilft Dankbarkeit zu empfinden, eine der wichtigsten Vorstufen von Glück.

In meiner Einleitung zu diesem Buch habe ich geschrieben, dass ich auf einige Unglücksmomente in meinem Leben gerne verzichtet hätte. Der größte Einschnitt in meinem Leben geschah am 2. Februar 2015. Einen Tag vorher fühlte ich mich innerlich unruhig, irgendwie unrund. Ich ging spät ins Bett, konnte nicht einschlafen und wälzte mich hin und her. Dann schlief ich ein …

Am nächsten Morgen wachte ich auf und spürte ein Kribbeln im ganzen Körper, als wenn ich an der Steckdose angeschlossen wäre und Strom tanken würde. Ich ging schnell duschen und dachte, dass es dann schon besser werden würde. Mein Tag war stark getaktet und abends hatte ich ein wichtiges Meeting.

Den ganzen Tag fühlte ich mich unwohl und in meiner Wahrnehmung war ich nur übermüdet und dadurch überpaced, also schnell und hektisch. Die Termine wurden schnell erledigt und das Abendmeeting lief ganz gut, allerdings wurde das Kribbeln immer stärker. Ich bekam leichte Atemnot. Als das Meeting zu Ende war, verabschiedete ich mich schneller als sonst. Meiner Frau, die mit bei dem Meeting war, sagte ich, dass es mir nicht gut ginge. Mittlerweile fing ich stark an zu schwitzen.

Meine Frau fuhr mit mir sofort in die Notaufnahme des Krankenhauses. Dort angekommen ging alles wahnsinnig schnell, das kribbeln im linken Arm wurde noch heftiger und sofort startete das volle Programm: EKG, Blutdruckmessung, MRT und es wurden Sofortmaßnahmen eingeleitet.

*Schlag*artig hatte sich mein Leben verändert. Der Befund im Krankenhaus war dann eindeutig: Thalamusinfarkt rechts mit sensibler Hemisymptomatik links.

Auf gut deutsch, ich hatte mit fünfundvierzig Jahren und in der Blüte meines Lebens einen Schlaganfall in meiner rechten Gehirnhälfte, der meine linke Körperseite teilweise lahm gelegt hat. Nichts geht mehr … rien ne va plus.

Als der Arzt mir die Diagnose im Krankenhaus gab, zog es mir den Boden unter den Füßen weg. Zugegebener weise war der Happyologe an diesem Tag nicht mehr in meinem Körper anwesend. Mein Happyologe war **off** geschaltet und ich im Überlebenskampfmodus. Ich lag auf dem Bett und starrte kraftlos auf die weiße Wand. Tausend Gedanken gingen mir durch den Sinn und ich versuchte, zu verstehen, was der Arzt gesagt hat. Ich konnte meinen linken Arm, mein linkes Bein nur langsam und eingeschränkt bewegen, wenn ich mit der rechten Hand über meine linke Gesichtshälfte strich, fühlte ich … nichts. An diesem ersten Tag weinte ich mich mut- und kraftlos in den Schlaf und gab mich auf. Ich nahm das Schicksal an, denn für alles andere fehlte mir die Kraft.

Ich schlief den ganzen Tag und bekam nur im Halbschlaf mit, dass immer wieder Ärzte irgendwelche Schläuche wechselten und ständig den Blutdruck kontrollierten. Ich hörte eine Ärztin sagen: »Der Blutdruck ist viel zu hoch, wir bekommen ihn nicht runter, wir müssen was spritzen.« Dann spürte ich einen kleinen Stich in meinem rechten Arm und ich dachte mir: »Warum nehmen die nicht meinen linken Arm, da spüre ich doch nichts, auch scheißegal …«

Es war mir aber sowieso alles egal und ich schlief wieder ein. Ich wollte nichts hören und sehen und empfand einfach nichts mehr außer einer tiefen Leere und ich gab auf. Etwas, was ich von mir nicht kannte. Mein Credo war bisher:

»Gib nach, wenn du musst, aber gib nicht auf.«

Das Chaos mit Blutdruck messen, Ärztebesuch und Spritzen geben ging die ganze Nacht, ich glaube das hätte auch mein letzter Tag auf dieser Erde sein können. In dieser für mich besonderen Nacht dachte ich an Charly Brown, wie er zu Snoopy sagte:

»›Eines Tages werden wir alle sterben …‹ und Snoopy antwortete: ›… aber an allen anderen Tagen nicht!‹«

Am nächsten Morgen wurde ich von einem Sonnenstrahl geweckt und meine Frau und mein Sohn waren da. Ein großer Fels in der Brandung. Meine Frau hatte die ganze Nacht dort verbracht, mir seelisch und moralisch Unterstützung gegeben. Wie heißt es so schön beim Eheversprechen: »In guten wie in schlechten Zeiten«. Dabei sind die schlechten Zeiten die Zeiten, die eine Partnerschaft am meisten prägen und zusammenschweißen.

Aus tiefsten Herzen kam: »Danke Dagmar!«

Auch für unseren Sohn Nils empfand ich tiefe Dankbarkeit. Er war in dieser Zeit da für mich und stärkte das Familienband auf ganz besondere Art und gefühlvolle Weise. Wir haben noch so viel vor, wir wollen noch einen Tandem-Fallschirm-Sprung, einen Vater-Sohn-Urlaub machen und vieles mehr.

Während dieses Gedankenspiels kam die Ärztin rein und sagte: »Wir haben die ganze Nacht mit Ihrem Blutdruck gekämpft, jetzt haben Sie das Gröbste geschafft. Alles wird wieder gut!«

Das waren goldene Worte, die Lebensmut und Teilfreude in meinen Körper zurückbrachten. Mein Happyologe in mir griff diese Worte der Ärztin dankbar auf und fing an, Lösungsfragen zu stellen.

Meine erste Frage an die Ärztin war: »Werde ich wieder normal gehen können?« Die Ärztin erklärte mir den normalen Verlauf und die Genesungsaussichten. Sie ermöglichte mir schnell einen Rehaplatz und meinte, dass alle Nervenzellen, die geschädigt worden sind, in meinem Alter und mit genügend Training wieder aufgebaut werden könnten.

Mein innerer Happyologe fing an, To-do-Listen zu erstellen und wollte sofort loslegen, allerdings wurde beim ersten Toilettengang die aktuelle Situation schnell klar, denn schnell ging gar nichts … Es war ein Leben in Zeitlupe.

Nach dem Krankenhausaufenthalt war ich noch bis zur Reha zu Hause und nahm mir Urlaub. Ja, ich nahm mir Urlaub, denn ich wollte kein Mitleid von meinen Mitarbeitern und Kollegen. Ich erzählte nur einer Person außerhalb meiner Familie von den Geschehnissen. Diese eine Person brauchte ich, um alles mental einzuordnen, zu verarbeiten. Er half mir auch bei allen weiteren Schritten zurück ins Leben. Er war mein Mutmacher in der schwierigsten Zeit meines Lebens. Dieser Person bin ich unendlich dankbar.

Dann startete ich meine Reha. Mit dieser Diagnose war ich der jüngste Patient vor Ort. Mein schon immer gelebter Optimismus und mein Wille, wieder fit zu werden, motivierte auch die Physiotherapeuten und wir erstellten gemeinsam ein Wiederherstellungsprogramm für meinen Körper.

Jeden Tag von acht bis dreizehn Uhr wurde meine linke Körperseite trainiert, sensibilisiert und neu programmiert. Mein linker Arm hatte die typische Schlaganfall-Stellung, leicht nach innen gedreht mit gekrümmter Hand. Mein linkes Bein war undynamisch und unrund, ich musste also wieder einen normalen Gang und danach langsam laufen lernen. Meine linke Hand war das größte Problem, sie hatte kein Gefühl mehr außer diesem Dauerzustand des Vibrierens, als wenn man sich den Musikantenknochen anstößt.

Mein Wiederherstellungsprogramm war also klar und wir starteten als erstes mit dem Hand- und Arm-Training. Rita erklärte mir das Prozedere mit meiner Hand und meinem Arm und zeigte mir einige Stationen. Da war die Kiste mit dem heißen Sand, den sie extra in der Mikrowelle heute für mich besonders heiß gemacht hat, die kalten Kieselsteine und das Becken mit dem heißen Wachs, der sich um meine Hand legte und tatsächlich wohlfühlend war, denn ich spürte dadurch wieder meine Hand.

Rita war in meinem Alter und realisierte wohl mit mir, dass Schlaganfall jeden treffen kann, zu jeder Zeit, schlagartig. Wir waren also beide motiviert und zielorientiert, dass wir das schaffen werden. Rita sagte, dass es wichtig sei, bei den Übungen emotionale Gedanken zu haben, genauer gesagt:

»Deine Gedanken sollen berühren, damit verbindest du Körper und Geist.

Wenn du also im warmen Sand mit deiner Hand wühlst, denke an Urlaub, wenn du bei den kalten Kieselsteinen bist, denke an einen schönen kalten Regen an einem heißen Tag und wenn deine Hand in Wachs eingehüllt ist, spüre die Endpunkte jedes einzelnen Fingers.«

Jeden Tag das gleiche Prozedere und mit jedem Tag wurde meine Handstellung besser. Weit weg von hundert Prozent, aber ich konnte meine Hand wieder mehr spüren, sie gehörte wieder zu mir.

Im Regal hinter Ritas Schreibtisch lagen Jonglierbälle und ich erzählte Rita stolz, dass ich vor vielen Jahren jonglieren gelernt hätte. Rita lachte und sagte: »Bühne frei …« und gab mir die drei Bälle. Was dann folgte war ein unkoordiniertes chaotisches Werfen und Nichtfangen von Bällen. Rita lachte laut. Sie lachte aber auf eine besondere Weise, als wenn Sie einen Plan schmiedete.

Sie sagte voller Vorfreude: »Gib uns zwei Wochen und lass uns ab heute täglich die Jonglierübung einplanen, dann kannst du hier vor den Patienten eine Jongliernummer zeigen, in unserer Abteilung brauchen wir alle gute Stimmung. Beim Jonglieren werden beide Hirnhälften aktiviert, sodass das die perfekte Übung für dich ist.«

In der Sportabteilung war Michael mein zuständiger Betreuer. Absoluter Fitnessexperte. Wir hatten schnell gemeinsame Themen wie Marathon oder Halbmarathon, die uns interessierten. Er erzählte von seinen

Schlaganfall-Patienten, die er jeden Tag betreute und die unterschiedlichen Verläufe und Ergebnisse haben. Er meinte die persönliche Einstellung und der persönliche Wille ist das größte Erfolgsgeheimnis.

Während ich auf dem Laufband langsam ging und Michael meine linke Fußstellung immer wieder korrigierte, hielt ich mich an zwei Stangen links und rechts krampfhaft fest. Ich stellte scherzhaft fest, dass ich nicht auf einem Laufband sondern auf einem Gehband bin.

Michael lachte und sagte:

»Humor ist immer gut und hilft uns allen. Wir werden noch eine Menge Spaß zusammen bekommen. Du brauchst ein klares Ziel, für das du trainierst. Was ist dein Ziel?«

Ich wurde nachdenklich und mit ernster und ängstlicher Stimme sagte ich: »Ich wünsche mir erst mal wieder den Zustand vor dem 2. Februar 2015 und dann schauen wir mal wie es weitergeht.«

Michael merkte meine Gefühlswelt und spürte die Angst in meiner Aussage. Dann sagt er etwas, das mir und meinem inneren Happyologen nicht nur gefiel, sondern mich für die nächsten vier Wochen zu Höchstleistungen antrieb: »Du wirst nicht nur das schaffen, sondern du wirst die Reha stärker verlassen als vorher, das verspreche ich dir.«

»Deal!«

Dann hatte ich den Kennenlerntermin mit einer Logopädin, die schnell erkannte, dass mein Sprachzentrum nicht betroffen war und daher nichts für mich tun konnte.

Der letzte Satz »Du wirst die Reha stärker verlassen als vorher« von Michael hallte noch in meinen Ohren, also fragte ich die Logopädin, ob ich bei ihr in der Rehazeit ein Sprachtraining absolvieren könne und scherzte mit den Worten: »Sie wissen schon, mit Korken im Mund sprechen und so …«

Sie lachte laut los und sagte: »Das hat sich noch niemand in der Reha gewünscht, Sie gefallen mir, das wird bestimmt lustig. Bringen Sie morgen einen Korken mit oder muss ich heute Abend eine Flasche Wein trinken?«

Am nächsten Tag hatten wir viel Spaß bei den Übungen und wir haben viel gelacht. Ich habe ihr natürlich als Geschenk eine Flasche Wein mitgebracht, da ich nicht wusste, wie verschlissen der erste Korken nach unserem Sprechtraining sein würde. Sie hatte sich auch einen Korken für sich mitgebracht und wir unterhielten uns auf eine ganz besondere Art und Weise. Lachen ist die beste Medizin und davon hatten wir beide heute wahnsinnig viel.

Jeden Tag um dreizehn Uhr endeten die Rehaaktivitäten und den Rest des Tages war ich in meinem Homeoffice.

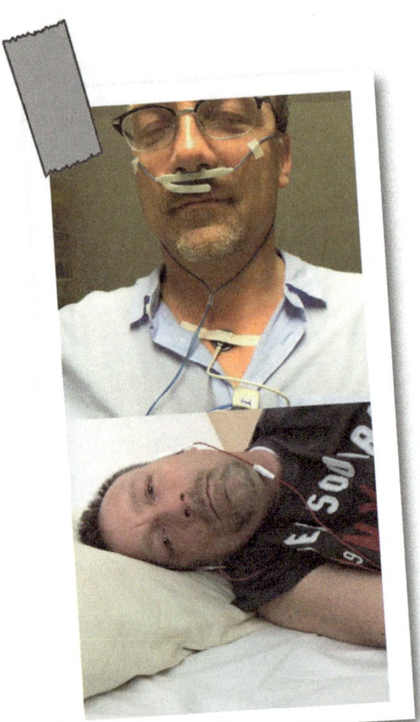

2. Februar 2015

Ich arrangierte mich mit der Situation und machte mir einen Plan:

»Es ist wie es ist.

Aber es wird, was ich daraus mache!«

Was kann ich?

- Telefonieren und motivieren
- PowerPoint-Präsentationen vorbereiten
- Trainingsinhalte neu definieren und gestalten

Was kann ich (noch) nicht?

- Präsenztrainings machen

Also fing ich nachmittags an, Kunden und Vertriebspartner anzurufen und machte mehr Kontakte als vorher. Zwischendurch legte ich mir Ruhezeiten ein und lernte in einem Kurs, zu meditieren. Ich lernte, mich von meinem Perfektionismus zu befreien und gab Aufgaben ab. Irgendwie wurde alles effektiver, klarer und stressfreier.

Mein nächstes wichtiges Präsenztraining war ein großes Meeting mit einhundertdreißig Vertriebspartnern in Neuss. Dieses Meeting durchzuführen, war mein großes Ziel. Es war am 2. März 2015, also genau ein Monat nach meinem Schlaganfall und mitten in der Rehazeit.

Ich sprach mit Michael und Rita über dieses Meeting und dass ich alles dran setzen möchte, es zu schaffen. Rita meinte, als Rechtshänder hätte ich gute Chancen, ich solle aber nichts mit der linken Hand machen, da ich immer noch alles runterfallen lassen würde. Wir lachten alle. Michael bewunderte mich für dieses Ziel, meinte aber, ich solle auf mich aufpassen und nicht zu viel riskieren. Wir einigten uns darauf, dass wir dieses Datum im Auge behalten und kurz vorher dann eine finale Entscheidung treffen würden. Jetzt tat ich alles, denn ich hatte ein klares Ziel vor Augen.

Morgens Reha, dann telefonieren, Präsentation für das Meeting am 2. März erstellen, nachmittags spazieren gehen und weiter das Gehen üben, mit der linken Hand Bälle (versuchen zu) fangen. Meditieren.

Fünf Tage vor dem Meeting hatte ich es geschafft und war mental für den Abend bereit. Das heißt, mein Gang war fast normal, meine Armhaltung nur noch leicht nach innen gedreht. Meine linke Hand war noch suboptimal und mein Schwachpunkt, aber die brauchte ich als Rechtshänder nicht so dringend. Wir fuhren das volle Programm: »Hand in heißen Wachs« und Elektro-Impulse.

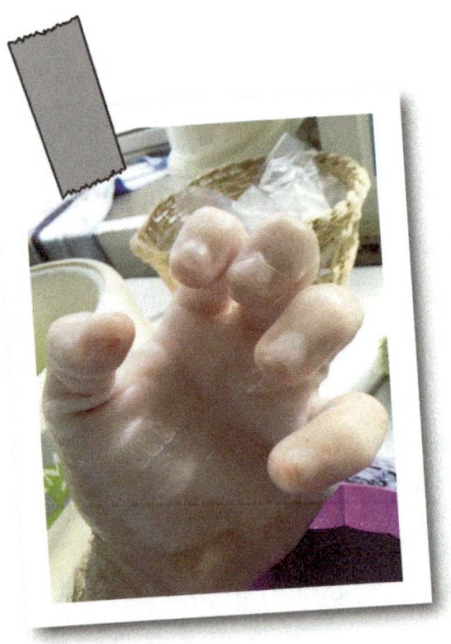

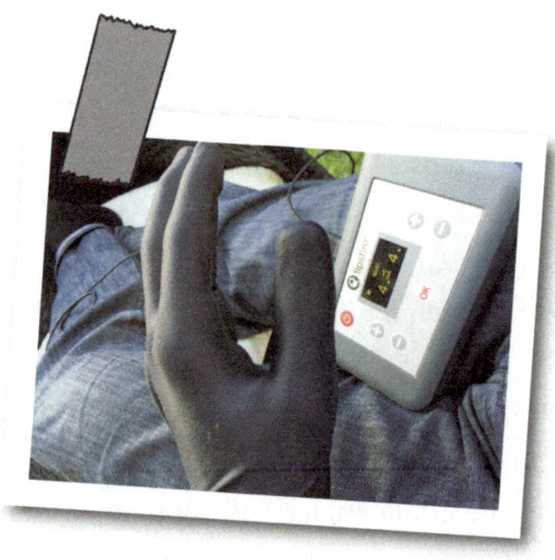

Geschäftlich lief es prima, denn in diesem Monat hatten wir ein fantastisches Monatsergebnis mit dem Team erreicht. Meine Meetingplanung war fast fertig und dann hatte ich diese verrückte Idee: Eine Statistikseite, die zeigt, dass wir als Team in den letzten drei Jahren wahnsinnige Erfolge erzielt hatten und in diesem Monat das Ergebnis um weitere zwanzig Prozent gesteigert hatten. Um diese Besonderheit auf dem Meeting klar zum Ausdruck zu bringen, dachte ich mir, wäre es cool, auf eine Leiter zu steigen um diese Steigerung klar zu visualisieren. Jetzt musste ich nur noch Michael von meiner Idee überzeugen, denn ich hätte gerne statt Laufbandtraining ein Leitersteigetraining.

Als ich Michael von dieser Idee erzählte, war er belustigt und beängstigt zugleich und sagte: »Du bist vielleicht 'ne Marke.«

Er rief den Hausmeister über das Haustelefon an und fragte ihn nach einer Leiter. Er beruhigte ihn sofort mit den Worten: »Es ist nichts kaputt, wir brauchen die Leiter für eine Übung.«

Als wir die Leiter hatten, trainierten wir tatsächlich eine Stunde lang rauf- und runtergehen mit teilweise guten Erfolgen. Michael sprach mir weiter Mut zu und wir beendeten beide schweißgebadet unsere heutige Reha-Stunde.

Michael verabschiedete sich mit den Worten: »Wir haben noch den ganzen Freitag zum Üben und am Wochenende kannst du es mit deiner eigenen Leiter zu Hause weiter üben. Wenn du am Montag spürst, dass es nicht geht, dann mach es einfach nicht. Hör auf deinen Körper.« Das versprach ich ihm und verbrachte das kommende Wochenende mit Meetingvorbereitung und Leiterkletterübungen.

Am Montagabend, den 2. März 2015, war es soweit. Ich eröffnete das Meeting und bedankte mich bei meinem Team für die fantastische Leistung in diesem Monat. Dem DJ hatte ich gesagt, dass er die Leiteraktion mit spannender Musik unterlegen solle und ich zwischen den einzelnen Leiterstufen Pause machen würde, um die Spannung hochzuhalten. Diese Pause brauchte ich, um mich auf die nächste Stufe zu konzentrieren.

Es hat funktioniert und die Teilnehmer empfanden die Leiteraktion als witzigen Präsentationsgag, der das tolle Ergebnis unterstreichen sollte …

… in Wirklichkeit war dieser Leiteraufstieg das Endziel meines vierwöchigen Überlebenskampfes.

Das Foto habe ich natürlich Michael und Rita gezeigt und wir drei haben zusammen das ein oder andere Glückstränchen vergossen.

Das Leben wird vorwärts gelebt und rückwärts verstanden, die Reha-Zeit und die Menschen dort vor Ort, waren das Beste, was mir zu dieser Zeit in meinem Leben passierte. Natürlich habe ich am Ende der Reha gemeinsam mit Rita für ein paar Reha-Patienten jongliert und konnte so ein wenig von meinem Glück an andere zurückgeben.

Wir alle waren an diesem Tag glücklich.

Ich habe gelernt, mit meiner Ressource »Mein Leben« sorgsamer umzugehen und das nicht auf Kosten von schlechteren Ergebnissen, ganz im Gegenteil, denn ein aufgeräumter, in Balance steckender Körper ist leistungsstärker und motivierender.

2015 war geschäftlich das beste Jahr in unserer Entwicklung und wurde 2016 sogar nochmal getoppt. Bis heute wachsen wir kontinuierlich und mit Freude.

Persönlich laufe ich seit 2016 jedes Jahr mindestens tausend Kilometer, laufe Halbmarathons und StrongmenRuns. 2019 belegte ich beim StrongmenRun über zwanzig Kilometer in Köln mit knapp zehntausend Läufern den zwölften Platz in meiner Altersklasse M45.

Was ich von allem mitnehme:

Dankbarkeit und Demut

Von Zeit zu Zeit mache ich meinen Friedhofswalk. Keine Sorge nicht um null Uhr und nicht mit Thriller im Hintergrund von Michael Jackson. ☺ Ein Friedhofswalk sorgt für Demut. Demut sorgt für Dankbarkeit und Dankbarkeit wird zu Glück.

Eine Art Glücksformel:
Demut – Dankbarkeit – Glück

Und was macht man dann so auf einem Friedhof?
Zunächst einmal ist es wichtig, dass du mit dem gebührenden Respekt und pietätvoll über den Friedhof gehst! Nimm dir Zeit, deine Zeit. Gehe entspannt, genieße die Natur und schaue dir voller Demut Grabsteine an, die auffallen, die dir ins Auge springen. Es gibt so viele schöne Friedhöfe mit großen einzigartigen Ornamenten und architektonischen Besonderheiten, mit eindrucksvollen Figuren oder wundervollen Engeln (Nordfriedhof Düsseldorf/Melaten-Friedhof Köln und viele mehr).

Du wirst automatisch anfangen zu rechnen, denn auf den Grabsteinen stehen der Beginn und das Ende einer Menschenreise. Das Startdatum und das Enddatum eines Menschenlebens. Wie viele Jahre, Monate und Tage hat dieser Mensch leben dürfen? Hat dieser Mensch seine Chancen für ein glückliches Leben erfüllen können? Wie viele Tage haben zum siebzigsten/achtzigsten/neunzigsten oder hundertsten Geburtstag gefehlt?

Als ich in Düsseldorf über den Nordfriedhof ging, sind mir zwei Gräber aufgefallen. Es waren zwei unterschiedliche Namen, aber beide Gräber lagen direkt nebeneinander. Einmal einhundertundein Jahre und einmal einundzwanzig Jahre. Was ist die Geschichte dahinter? Warum bekam die eine Person eine Lebenszeit von einhundertundeinem Jahren geschenkt und die andere Person nur einundzwanzig Jahre?

Bei jedem Grab wirst du automatisch rechnen und feststellen, wie viele Menschen weniger Lebenszeit hatten als du. Du hast also eine größere Chance und mehr Zeit erhalten. Wie nutzt du deine Zeit? Führst du ein glückliches Leben oder verschwendest du deine geschenkte Zeit mit Ärger, Wut und Frust?

Nach meinem Friedhofswalk bin ich ein anderer Mensch und irgendwie geerdet. Dieser Moment währt leider nur temporär und dann kommt der Alltag wieder.

In dieser Zeit empfinde ich Demut – Dankbarkeit – und Glück, denn ich gehe mit meinen eigenen Beinen und aufrecht vom Friedhofsgelände.

Diese Erfahrung erdet und lässt dich für eine Zeit gewisse Dinge nüchtern und klar betrachten. Schnörkellos und unverschönt wird dir einiges klar werden …

Wichtig **oder** unwichtig

Eilig **oder** nicht eilig

Dringend **oder** nicht dringend

Ärgern **oder** bleib cool

Wütend **oder** verständnisvoll

Aufbrausend **oder** benevolent

Dir wird klar, dass du (noch) Zeit hast. Ich persönlich empfinde nach dem Friedhofswalk tiefe Dankbarkeit und konzentriere mich auf das, was ich bereits erreicht habe und nicht mehr auf das, was mir vermeintlich fehlt.

Weg vom Mangeldenken hin zum Was-ich-bereits-erreicht-habe-Denken macht dich garantiert ein Stück glücklicher.

Da die Wirkung nicht von Dauer ist, empfiehlt es sich, diesen Friedhofswalk öfters zu machen.

Unterm Strich zählt:

Die Lust und Freude am Leben sollte immer größer sein, als die Angst vor dem Sterben.

Memento mori, hilft mir nur, den Blick auf das Leben, den Blick auf das Wesentliche zu schärfen und einfach nur glücklich zu sein. Daher genieße das Leben, nutze den Tag, fokussiere dich auf dich, und mach aus deinen Tagen das Beste. Tag für Tag.

Memento mori lehrt dich,
das Richtige und Wichtige zu tun!

Memento mori, sei dir deiner Endlichkeit bewusst und nutze die Zeit, deine Zeit, denn …

eines Tages werden wir alle sterben …
… aber an allen anderen Tagen nicht!

Tipp

Der Nordfriedhof in Düsseldorf ist der größte und bekannteste Friedhof der nordrhein-westfälischen Landeshauptstadt. Ein fast siebzig Hektar großes Gelände, auf dem zahlreiche prominente Personen aus Politik, Kultur und Wirtschaft ihre letzte Ruhe gefunden haben.

Der Melaten-Friedhof ist der Zentralfriedhof von Köln. Hier gibt es sogar offizielle Friedhofsführungen nach Anmeldung. Mit 435.000 Quadratmetern ist er der größte Friedhof in Köln und auch hier haben zahlreiche prominente Personen aus Politik, Kultur und Wirtschaft ihre letzte Ruhe gefunden. Zum Beispiel findet man dort das Familiengrab der Millowitschs; der Schauspieler Dirk Bach, der Entertainer und mein Freund Willi Herren, der viel zu früh gegangen ist, sind dort begraben. RIP!

7.

Blind Date

Sei dankbar und erkenne,

was du kannst!

Dankbarkeit

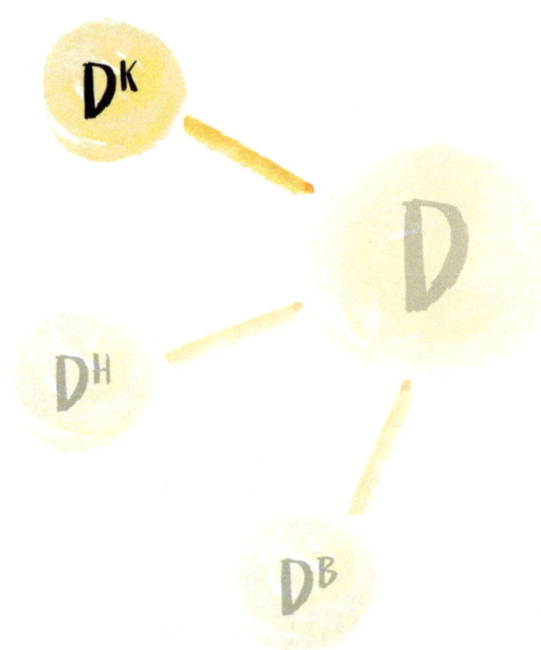

Dankbarkeit und Demut sind Abkürzungen zum Glück.

Dankbarkeit zu empfinden, ist der Hauptschlüssel zum Glück und lässt sich am schnellsten umsetzen. Dankbarkeitsempfindung führt auf dem direkten Weg zum Glücksgefühl, denn es lehrt uns, was an uns stimmt und was an uns funktioniert.

Weg vom Mangeldenken hin zum Ich-kann-Denken.

Es ist noch nicht lange her, da hatte ich ein Mitarbeiter-Quartalsgespräch mit einem Partner, der zu der Kategorie »eher pessimistisch« gehört und der zum größten Teil die Schuld im Außen sucht. Meistens läuft dieses Gespräch in die gleiche Richtung. Er erzählt wie immer, wie unzufrieden er mit Situationen sei, dass die Welt ungerecht sei und er vom Pech verfolgt wird.

Gesprächsvorbereitung ist für mich immer ein sehr wichtiges Thema gewesen, denn das zeigt Respekt und Wertschätzung. Zugegebenermaßen habe ich mich auf dieses Gespräch nicht gefreut, denn ich konnte mir leider schon denken, welches Leid mir gleich auf einem silbernen Tablett serviert werden würde. Wieder würde ich ihm gut zureden, Mut zusprechen und ihm Hoffnung geben. Leider hatte ich nach dem Gespräch wieder das Gefühl, das sich nichts bis zum nächsten Quartalsgespräch verändern würde.

Ich saß also vor dem Rechner und bereitete die Zahlen für das Gespräch vor. Die Zahlen waren nicht gut, also »same procedure as every year«. Ich wollte das nicht akzeptieren und hatte eine letzte Hoffnung, einen neuen Plan, einen ungewöhnlichen Plan. Ich wollte den Partner, der mir sehr am Herzen liegt, aus seinem Trott, aus seiner Negativschleife, aus seinem Selbstmitleid befreien, aber wie?

Ich gab in meiner Suchmaschine folgende Begriffe ein: »Krieg«, »Unfall«, »Tod«, »Krankheit«, »Chaos«, »Katastrophe«. Die Bilder, die ich dort sah, machten mich sofort traurig, fassungslos und nachdenklich. So viel Leid in dieser kurzen Zeit konnte ich gar nicht verarbeiten und mir wurde übel. Ich machte kurz Pause und hielt inne.

Stumm kopierte ich ein Bild nach dem anderen und setzte sie ohne Kommentar in eine Worddatei. Ich hatte sieben Seiten voller Grausamkeiten, Schicksalen und Leid zusammengestellt. Eine Mappe des Grauens.

Am nächsten Tag kam der Partner ins Büro. Nach dem üblichen Small Talk kam ich dann zu der Auswertung seiner Quartalszahlen. Wie zu erwarten war, verlief das Gespräch wie immer. Ich sagte ihm, dass ich mal kurz ein Telefonat führen müsste und er die Zeit nutzen könnte, um sich die Quartalszahlen noch einmal genauer anzusehen. Die Quartalszahlen-Liste packte ich auf die Mappe des Grauens, überreichte ihm den kompletten Stapel und verließ für zehn Minuten das Büro.

Als ich wiederkam, merkte ich, dass etwas anders war. Er gab mir die Mappe und sagte: »Das lag hier«.

Ich nahm die Mappe zurück und sagte:

»Oh sorry, das ist etwas Privates. Lass uns weiter über deine Probleme und Sorgen sprechen wie kann ich dir helfen?«

Ich kürze es ab. – Das Gespräch lief anders, denn seine Probleme/Herausforderungen waren relativ klein. Dieses zugegebenermaßen brutale Beispiel habe ich für einen Freund und Geschäftspartner gemacht und man kann das nicht eins zu eins übertragen, aber es hat mir bei meinem Freund geholfen, den Blickwinkel für seine Probleme/Herausforderungen zu schärfen und in die richtige Richtung zu lenken. Vom Meckern wird nichts besser. Er alleine hat es in der Hand beziehungsweise im Kopf, seine Denkweise in die richtige Richtung zu setzen.

Weg von
- Vergangenheits- und problemorientiertem Denken und Handeln,
- Mangeldenken (was ich alles nicht habe und nicht kann),
- fehlender Dankbarkeit.

Hin zu
- Zukunfts- und lösungsorientiertem Denken und Handeln,
- Ich-kann-Denken (was ich schon habe und schon kann),
- tiefer Dankbarkeit.

Tiefe Dankbarkeit, zum Beispiel:

Ich kann sehen.
Ich kann sprechen.
Ich kann gehen.
Ich kann essen.
Ich kann ...

Meine letzte Ich-kann-sehen-Erfahrung habe ich in Hamburg gemacht, dort war ich mit einem Team von zehn Mitarbeitern in der Ausstellung »Dialog im Dunkeln« – eine Ausstellung zur Entdeckung des Unsichtbaren. Mitten in der Hamburger Speicherstadt wurde eine Halle so umgebaut, dass alles verdunkelt wurde und absolut kein Licht in die Räume kam. Es wurden verschiedene Szenarien aufgebaut, ein Klangraum, ein Marktplatz, eine Bar und am Ende war sogar eine Bootsfahrt in der absoluten Dunkelheit. Zwei Stunden lang wird man von blinden Menschen durch verschiedene Räume geführt. Wir betreten mit einem Blindenstock bewaffnet einen dunklen Raum, sechshundert Quadratmeter liegen nun vor uns. Abtauchen in eine Welt, in der der Hauptsinn »Sehen« off geschaltet wird.

Am Anfang war unsere Gruppe noch lustig (man sieht ja gar nichts) und wir scherzten und blödelten. Es war in Wahrheit die Überspielung der Unsicherheit, die jeder sofort spürte, denn hier war man auf Hilfe angewiesen. Eine freundliche Stimme aus der Dunkelheit begrüßte uns »Hallo, ich bin Jakob, schön, dass ihr hier seit. Bitte sagt mal laut und deutlich euren Vornamen«. Anhand dieser kurzen Information wusste er sofort, wo wir standen, wie wir heißen und konnte ab diesem Moment unseren Namen der Stimme zuordnen.

Am Anfang unbeholfen und hilflos, wurde man nach einiger Zeit mutiger und fast schon vertrauter mit der Dunkelheit. »Jakob«, die hilfreiche Stimme im Dunklen, zeigte uns stimmlich den Weg. Geräusche überall, alles kam auf einmal und ist durcheinander. Man versuchte die Geräusche zu sortieren und herauszufiltern. Manchmal gelang es, meistens nicht.

Nach einiger Zeit waren wir auf einem Wochenmarkt, die Nase übernahm die Kontrolle. Man griff etwas und versuchte es zu »begreifen«. Eine Kartoffel, ein Apfel oder eine Orange? Die Hände fingen an, zu sehen und zu spüren. Jeder Zentimeter wurde abgetastet und analysiert.

Dann stehen wir auf einer nachgebauten viel befahrenen Straße mit hupenden Autos und einer Menge Lärm.

Jakob sagte: »Hier vorne rechts ist eine Verkehrsampel. Kann bitte jemand mal den Kontakt an der Ampel drücken?«

Da waren sie wieder unsere Probleme: Wer fühlt sich verantwortlich zu drücken? Wer findet die Ampel und den Drücker? Ein großes Durcheinander und wir waren absolut hilflos. Jakobs Stimme gab uns allen wieder Sicherheit:

»Patrik, sag mal deinen Namen.«
»Patrik.«

»Okay«, sagte Jakob, »Patrik steht am nächsten vor der Ampel, geh ein bis zwei Schritte nach vorn und ertaste die Ampel, der Drücker ist in deiner Brusthöhe.«

Wow, ich war beeindruckt, denn Jakob hat mich durch mein Rufen erkannt, lokalisiert und angeleitet. Ich erreichte die Ampel hielt mich krampfhaft daran fest (Sicherheit) und fühlte den Drücker.

»Woher wissen wir, wann die Ampel grün ist?«, fragte Michael aus unserem Team.

Jakob saget:
»An dieser Ampel haben wir Glück, denn diese gibt ein akustisches Signal für Blinde. Leider sind nicht alle Ampeln damit ausgestattet.«

Wir empfanden alle absolutes Unverständnis, warum nicht alle Ampeln damit ausgestattet sind, denn wir können uns genau in diesem Moment in die Lage eines blinden Menschen reinversetzen.

Dann ertönt ein Piepton »piep-piep-piep-piep-piep-piep«.

Jakob sagte:
»Jetzt schnell rüber, solange dieser kurze Piepton ertönt, dass ist unsere Grünphase.«

Obwohl die Situation nachgestellt war und die Verkehrsgeräusche, das Hupen und der Piepton der Ampel gerade vom Band kamen, wirkte die Situation absolut echt und wir hatten Panik, dass wir die andere Straßenseite nicht rechtzeitig erreichen. Genauso kam es auch, denn einige aus dem Team sind nicht gerade, sondern schräg gegangen, das dauerte länger als die geplante Grünphase der Ampel. Schon ertönten wieder Hupgeräusche und wir hatten kein Verständnis für die Menschen, die gerade hupten, denn wir kämpften gerade um unser Überleben. Erleichterung machte sich bei uns allen breit, als Jakob die Geräusche der Straßensituation ausschaltet. Mit leicht enttäuschter Stimme sagte er:

»Leider gibt es viel zu wenig Ampeln in Deutschland und auf der Welt, die mit dem Piepton ausgestattet sind und die Fußgängerampelzeiten sind viel zu knapp bemessen, jedenfalls für einen blinden Menschen«.

Wir hatten verstanden und erlebt, was er meinte.

Später kamen wir in einen Klangraum. Ich legte mich auf den Boden und schloss unbewusst die Augen, warum eigentlich? Vielleicht, weil ich früher schon erlebt hatte, dass Musik mit geschlossenen Augen bewusster und intensiver ist.

Ich lag dort und fühlte mich rundum wohl. Volle Entspannung und eine gewisse Sicherheit, denn hier auf dem Boden konnte mir nichts passieren, ich konnte mich einfach nur auf die Musik konzentrieren. Ich glaube, für Menschen, die nichts mehr sehen können, sind Musik und ein sicherer Platz, das Größte. Dann stand ein weiteres Highlight auf unserem Programm, eine Bootsfahrt. Über einen wackeligen Steg gelangten wir ins Boot. Ich setzte mich hin und hatte wieder dieses Gefühl »ich weiß wo ich bin«, denn ich male mir das Boot in meinem Kopf. Die Fahrt ging los, Wind wehte durch mein Haar und jetzt merkte ich, wie wichtig es für einen nicht-sehenden Menschen ist, zu vertrauen: Denn wo geht die Reise hin? Haben wir den richtigen Weg eingeschlagen? Nach der Ankunft kam wieder die hilfreiche Hand von Jakob. Ein gutes Gefühl, diese Hand war vertraut und vor allem kannte diese Hand den Weg!

Zum Schluss noch schnell zur Bar. Ich bestellte ein Bier-Mix-Getränk und stand dann vor der Herausforderung der Bezahlung. »Welche Geldscheine habe ich in meiner Hosentasche?« In meinem Kopf ging ich diese durch. Ich hatte einen Hunderteuroschein, einen Fünfziger und einen Zehner. Ich fragte unsere Bardame Rita, wie sie die Scheine erkennt, denn Rita ist im wirklichen Leben blind, so wie wir heute alle. Sie lächelte (das spürte ich) und sagte, dass sie eine Schablone hätte. Ich vertraute ihr blind und gab ihr einen Schein. In sekundenschnelle kam die Antwort: »Es ist ein Zehner!«. Ich fing an, die Welt im Dunkeln und vor allem die Menschen hier zu bewundern. Sie vollbringen tagtäglich kleine Wunder, die für uns Sehende unvorstellbar sind. Ich war dankbar für diese Erfahrung und dankbar dafür, dass es diese Ausstellung gibt.

Ich habe im Dunkeln, durch meine Ohren, meine Nase und meine Hände sehen neu erlernt.

Diese Ausstellung und vor allem die Menschen dort sind bewundernswert und ich denke sehr oft an diese erlebten Momente. Am Ende verabschiedete sich Jakob, dankte uns dafür, dass wir da waren und bat uns, in ein Referenzbuch unsere ersten Gedanken nach diesem Erlebnis aufzuschreiben. Wir öffneten eine schwere Tür und am Ende des Ganges leuchtete ein kleines Licht. Dieses kleines Licht erschien uns nach zwei Stunden vollkommener Dunkelheit als grell und störend. Meine Augen spielten verrückt und ich schloss die Augen wieder für einen Moment. Dann ging ich zu dem Licht. Es war eine kleine Lampe über einem Tisch, auf dem ein leeres Referenzbuch aufgeschlagen lag.

Ich schrieb sofort meine ersten Eindrücke hinein. Dankbarkeit und Demut sind meine eröffnenden Worte. Ich empfand tiefe Dankbarkeit und ohne Grund liefen mir Tränen über die Wangen.

Ich bin gerade sehr glücklich!

Ich empfinde Glück in mehrfacher Form:
Glück über die besonderen und bewundernswerten Menschen, die ich heute hier kennen und schätzen gelernt habe.
Glück und Erleichterung, dass ich sehen kann. Der Wert des Sehens wurde mir heute klar und deutlich vor Augen geführt.
Glück zu wissen, dass blinde Menschen glücklich und dankbar sind, denn sie leisten täglich mehr, als sehenden Menschen. Diese Menschen vollbringen täglich kleine Wunder und geben uns Mut und Zuversicht, dass egal welches Schicksal uns erreicht, es immer einen Weg und immer eine Lösung gibt.

Ich empfand tiefe Demut. Demut ist die Vernunft und Objektivität entsprechende emotionale Handlung als Voraussetzung der Überwindung des eigenen Narzissmus.

Im Sinne von Bescheidenheit,
im Sinne von nicht siegen müssen,
sich zurücknehmen,
sich nicht vergleichen müssen,
sich annehmen, so wie man ist.
Es entsteht eine Art positive Kettenreaktion.

Durch dieses Annehmen und Akzeptieren, empfindet man Ruhe und Gelassenheit und ein Gefühl der Zufriedenheit.

Aus der Ruhe und der Gelassenheit lassen sich positive Gedanken einfacher finden und Glück kann sich entfalten.

Die Kombination von Dankbarkeit und Demut machen in einer Glücksformel über fünfzig Prozent aus und sind tatsächlich die Grundbasis.

Darauf lässt sich dein individuelles Glück stabil aufbauen.

8.

Glückliche Begegnungen

... mit Joey Kelly

Schaffe ein Gleichgewicht zwischen Geben und Nehmen. Wer ständig nur auf seinen eigenen Vorteil bedacht ist, wird auf Dauer nicht glücklich. Gleiches gilt für das Gegenteil. Wenn du ständig nur gibst und dich selbst dabei vernachlässigst, wirst du auch nicht glücklich, denn du vergisst dich dabei.

Es ist also die Balance zwischen
Geben und Nehmen.
Wirklich glücklich sind die Menschen,
die einerseits Gutes annehmen können
und andererseits aber auch gerne an andere
Gutes weitergeben.

Annehmen und weitergeben in jeglicher Form: Geld, Zeit, Komplimente, Lob, Anerkennung, Aufmerksamkeit, Hilfe …

Als ich das Kapitel »Dankbarkeit« schrieb, fiel mir immer wieder ein Name ein: Joey Kelly. Wie oft hörte ich ihn in Vorträgen, TV-Shows oder auch privat sagen, wie dankbar er ist. Ich kenne Joey schon viele Jahre. Ein Herzensprojekt, bei dem wir uns zum ersten Mal kennenlernten, war die Unterstützung eines Kinderhospizes in Hamburg.

Ich weiß noch, wie sehr uns beide die ehrenamtliche Arbeit der fleißigen Helfer dort vor Ort bewegt hat, und welch tiefe Dankbarkeit von den Eltern den Mitarbeiter*innen des Hospizes entgegengebracht wurde. Es hat mich damals tief getroffen und bewegt. Wer Kinder hat, weiß, dass die Nachricht, dass sein Kind sterben wird, die schlimmste Nachricht ist, die es gibt. Ich weiß gar nicht, wie ich damit umgehen sollte. Das Personal ließ sich aber nichts anmerken und behandelte die Kinder und die Eltern würde- und respektvoll, sodass die letzten Tage oder Wochen bestmöglichst und mit viel Liebe gefüllt wurden.

Ja, in einem Kinderhospiz lernt man viele Dinge:

1. Demut
2. Wertschätzung für das Personal
3. Respekt für die Eltern
4. Bewunderung für die Kinder

Dort habe ich auch einen nachdenklichen Joey Kelly kennengelernt, der immer wieder in Gesprächen betonte:

»Im Leben solltest du mehr geben als nehmen.«

Ich wollte wissen, woher diese tiefe Dankbarkeit bei ihm kommt, also rief ich Joey an, erzählte ihm von meinem Buch, dem Kapitel »Dankbarkeit« und fragte ihn nach Tipps rund um das Thema. Seine Antwort Joey-like, spontan und positiv:

»Bring deine Laufklamotten mit und dann sprechen wir beim Laufen darüber …«

Das war ja wieder klar, bei einem Treffen mit Joey kommt man einfach um das Laufen nicht herum ☺. Ich war trotzdem begeistert, denn laufend kommen sowieso immer die besten Gedanken. Also fuhr ich mit Laufklamotten nach Lohmar. Joey wohnt dort in vollkommener Ruhe. Rund herum viel Natur und entsprechende Lauffläche. Laufen ist sein Lebenselixier, seine Kraft- und Energiequelle.

Wir begrüßten uns herzlich und er fragt mich, ob ich vorher noch was trinken will oder lieber nachher. Mir war noch nicht klar, auf welche Laufstrecke ich mich einstellen müsste, daher lehnte ich dankend ab.

»Lieber Joey, erst mal vielen Dank für deine Bereitschaft, über das Thema Dankbarkeit zu sprechen und deine Idee, dass wir laufend philosophieren. Eine Bitte vorab: ›Bitte nicht mehr als zwanzig Kilometer.‹«

Joey lachte laut und sagte: »Wir laufen solange, bis alle Fragen beantwortet sind.«

Ich wusste nicht, ob das gut oder schlecht ist, denn in meinem Fragenkatalog waren ziemlich viele Fragen. Während wir mit moderatem Tempo langsam losliefen, startete ich damit, dass ich unsere Momente aus dem Kinderhospiz in Hamburg in Erinnerung brachte. Unsere gemeinsame tiefe Betroffenheit auf der einen Seite, aber auch die tiefe Dankbarkeit auf der anderen Seite. Mit welcher Liebe und Hingabe die Pfleger*innen und Eltern sich um die im Sterben liegenden Kinder gekümmert haben. Ich fand es bewundernswert, dass Joey das Pflegepersonal auf seinen Hof zum Lagerfeuer-Abend eingeladen hat, um dem Personal einfach »Danke« zu sagen und etwas zurückzugeben.

Da wir nie ausführlich darüber gesprochen haben, fragte ich ihn, wie es zu dieser Einladung kam. Joey wirkt bei dieser ersten Frage betroffen, da er sich gerade an diese Situation noch einmal erinnerte und sagte:

»Mehr geben als nehmen! Diese Philosophie stammt von meinem Vater, der diese Werte an uns weitergegeben hat.«

Während Joey erzählte, kamen auch bei mir Erinnerungen von diesem Lagerfeuer-Abend. Die Gäste konnten es damals gar nicht glauben, was an diesem Abend geschah und genossen jede Minute. Es war ein wundervoller Abend mit Wertschätzung und Ablenkung von einem extrem schweren Job. – Wobei ein Job ist es gar nicht. Menschen die in einem Kinderhospiz arbeiten, müssen voller Liebe sein und machen es aus Berufung. Das ist unbezahlbar.

Wir liefen einige Zeit lang schweigend, diese Zeit und Stille brauchten wir in dem Moment beide.

»Wofür bist du dankbar, Joey?«, fragte ich ihn nach einer gewissen Zeit.

Joey war klar und deutlich und legte ohne zu überlegen sofort los: »Meine Eltern spielen dabei eine große Rolle. Sie haben mir eine Erziehung mitgegeben, die Dankbarkeit beinhaltet.«

Da konnte ich Joey nur beipflichten. Familie ist sehr wichtig. In diesem Moment dachte ich an meine Eltern, die beide viel zu früh verstorben sind. Beide haben ihr Bestes für ihre Kinder gegeben. Da das Geld mit drei Kindern und einem Verdiener nie gereicht hat, ging meine Mutter viel Putzen. Dabei habe ich sie mehrmals begleitet. Früher für mich als Teenager nervig, aus heutiger Sicht, die schönste Zeit mit meiner Mutter, in der wir viel über das Leben philosophierten und auch viel gelacht haben.

Das Leben wird vorwärts gelebt und rückwärts verstanden.

Meine Mutter war der größte Optimist auf der Erde. Selbst an diesem verdammten Tag, als der Arzt ihr die Krebsdiagnose mitgeteilt und ihr noch circa sechs Monate Lebenszeit in Aussicht gestellt hat, ließ sich meine Mutter nicht runterziehen. Bestimmt hat sie im stillen Kämmerlein geweint und war über das Leben in diesem Moment wütend, doch hat sie es niemals nach außen getragen, sondern hat die Familie weiterhin zusammengehalten, behütet und beschützt. Ihr unbekümmerter Optimismus hat auch dafür gesorgt, dass es noch fünf wundervolle Jahre wurden. – Gute Eltern begleiten dich, gute Eltern beschützen dich, gute Eltern leiten dich und gute Eltern lassen dich eigene Erfahrungen machen. Jeder Mensch, der gute Eltern hat oder hatte, kann sich glücklich schätzen.

Während wir liefen, zum Glück immer noch entspannt, dachte ich über das letzte besondere Projekt von Joey nach: »Das grüne Band«*.

Im Sommer 2020 startete er die erste Etappe in Priwall, Schleswig-Holstein. »Jeden Tag einen Marathon« führte am Ende auf ein Ergebnis von etwa tausendvierhundert Kilometer. Über tausend Menschen starben in der DDR-Zeit bei Fluchtversuchen, die von vierundvierzigtausend Grenzsoldaten kontrolliert wurden. Im Fernsehen haben wir oft einen nachdenklichen Joey gesehen, der mit Zeitzeugen in die Vergangenheit getaucht ist.

Als ich ihn auf diese besondere Herausforderung ansprach, schien es, als ob Joey die ganzen tausendvierhundert Kilometer und die Zeitzeugen für Sekunden Revue passieren ließ und er sagte einen entscheidenden Satz, der auf den Punkt alles ausdrückt:

Ich bin dankbar dafür, dass meine Eltern mir eine tolle Kindheit und Erziehung ermöglicht haben, dass meine Familie und ich gesund sind und wir in Freiheit leben!

Damit war alles gesagt und ich fühlte die Kraft und Eindeutigkeit in diesem Satz. Wieder liefen wir eine Zeit schweigend, die ich damit verbrachte, den letzten Satz von Joey zu verarbeiten.

Das letzte Mal, als wir kurz nebeneinander gelaufen sind, war beim RTL-Spendenmarathon. Joey lief vierundzwanzig Stunden ohne Pause und mehrere Sponsorenfirmen konnten Teams aufstellen, die sich die vierundzwanzig Stunden aufteilten. Ich hatte damals die Schicht um vier Uhr morgens und durfte eine Stunde laufen. Morgens um vier Uhr!!! Es war nass, kalt und ich war müde. Während ich mit den Umständen haderte und »mimimimimimi« vor mich hin blubberte, lief Joey gut gelaunt und fit seine Runden. Zu diesem Zeitpunkt war er schon zehn Stunden auf den Beinen und hatte noch vierzehn Stunden vor sich.

»Warum tust du dir das an?«, fragte ich ihn.

Joey lachte über mein »mimimimimimi« und sagte: »Ich bin dankbar, dass ich seit sechzehn Jahren jährlich die Möglichkeit habe, am RTL-Spendenmarathon teilnehmen zu dürfen. Es macht Spaß, zusammen mit einem Team Gutes für Kinder in Not zu tun.«

Sport ist ja sowieso Joeys Ding. Ein Rekord verrückter als der andere. Dies brachte mich direkt zur nächsten Frage: »Welches sportliche Ereignis hat dich besonders glücklich gemacht?«

Joey schaltete in den nächsten Laufgang und erzählte begeistert: »Als eines von vielen Ereignissen kann ich hier das Race Across America nennen, ein Fahrradrennen quer durch die USA von San Diego in Kalifornien bis nach New York, an dem ich bis dato viermal teilgenommen habe.«

Ich merkte das etwas höhere Tempo und setzte kurzatmig eine weitere Frage hinterher: »Du bist ja ein Extremsportler und hast schon viele Rekorde gebrochen. Wann ist für dich der Moment der Glückseligkeit, also das größte Glücksgefühl? Beim Start, während des Rekordversuches, beim Erreichen des Rekordes oder beim späteren Erinnern auf der Couch?«

Joey überlegte bei dieser Frage und schien gerade einige seiner Rekorde im Kopf Revue passieren zu lassen. Dann sagte er: »Beim Erreichen des Rekordes und beim späteren Erinnern.«

Ich merkte die Laufgeschwindigkeit und meine Atemnot, die natürlich daran lag, dass ich Fragen stellen muss (mimimimimimi). »Apropos Rekord, ich habe den Eindruck bei deiner aktuellen Laufgeschwindigkeit, dass du heute auf Rekordjagd bist? Wenn du keine Rekorde jagst, dann machst du auch Musik mit der Kelly Familie. Welches musikalische Ereignis hat dich besonders glücklich gemacht?«

Joey machte einen zufriedenen und glücklichen Eindruck, als er sagte: »Das erste Comeback-Konzert der Kelly Family am 19. Mai 2017.« Daran kann ich mich noch sehr gut erinnern, denn Joey hatte mir damals Karten organisiert und ich war mit meinem Team dort. Es gab Kelly-Fans und ... wie soll ich es sagen: Kelly-(noch)-nicht-Fans in meinem Team. Aber der Abend hat uns alle geflasht und wir hatten gemeinsam eine schöne Zeit.

»Lieber Joey, abschließend möchte ich dir noch zwei Fragen stellen und hoffe, dass wir dann aufhören zu laufen. ›Bist du glücklich und wie definierst du Glück?‹«

Joey zögerte keine Sekunde und sagte: »Ja, ich bin glücklich und meine Definition von Glück besteht aus Gesundheit und Ausgeglichenheit.« Unsere Laufgeschwindigkeit reduzierte sich stark und wir kamen zum Stehen. Ich nutzte die Gelegenheit und bedankte mich bei Joey mit den Worten:

»Lieber Joey, ich sage danke. Danke für deine inspirierenden Antworten. Danke für deine Zeit und danke, dass wir nun aufhören zu laufen ☺.«

Joey lachte und sagte: »Das war der Hinweg, wir müssen jetzt noch zurück.«
Ich: »Mimimimimimimi …«

Mit Joey zu laufen hat mich zweimal glücklich gemacht.

1. Das Glück, mit ihm zu laufen und seinen Inspirationen zu lauschen.
2. Das Glück am Ende es geschafft zu haben und diesen Lauf überlebt zu haben ☺.

Mehr geben als nehmen!

9.

GLÜCKSBaustein ICH

Deine Marke »Ich« (Rendezvous mit dir)

Bau dir deine ICH-Marke auf

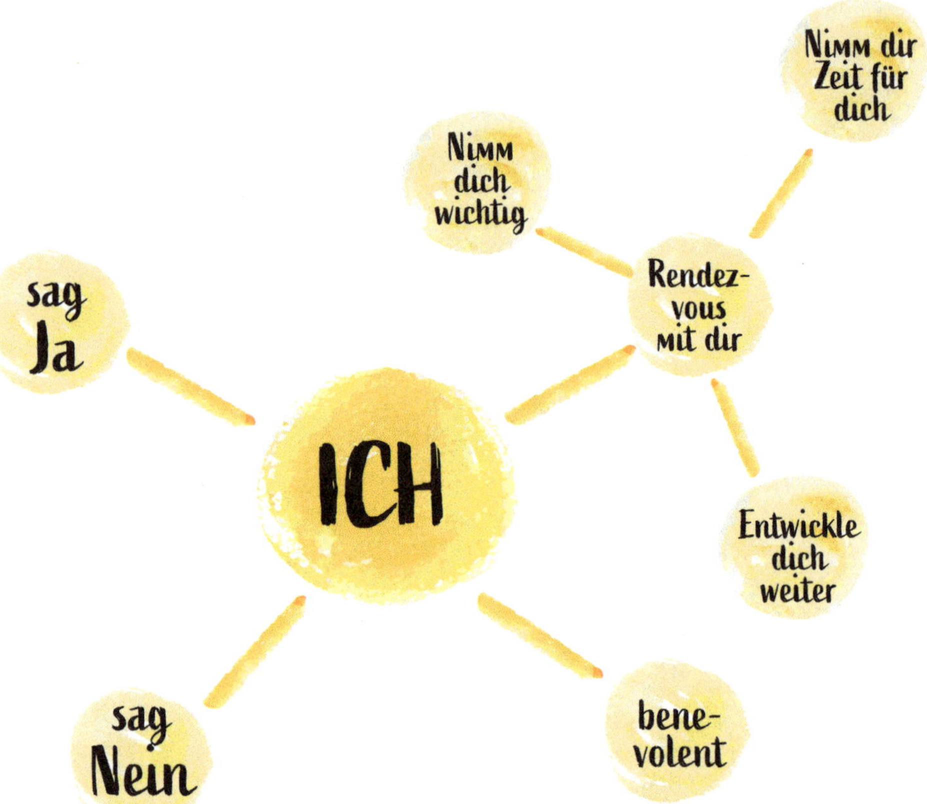

Es ist kein Zufall, dass im Wort »glücklich«, das Wort »ich« vorkommt. Einige Glücksforscher haben die Erkenntnis, dass Glück entsteht, wenn ich andere glücklich mache. Das mag stellenweise auch stimmen und ja, Teil der Glücksformel ist es auch, ehrenamtliche Tätigkeiten zum Wohl und Glück von anderen zu tun.

Du findest das Glück im Glück des anderen …

Ja, aber auch und zuerst bei dir!

Daher solltest du bei dir anfangen, denn du bist die wichtigste Person in deinem Leben.

Du bist Regisseur*in, Hauptdarsteller*in und du bist Chef*in deines Lebens.

Du kannst nicht jeden glücklich machen, Hauptsache du machst dich glücklich.

Das soll kein Egotrip werden, sondern ist eine logische Reihenfolge. Du kannst nur aus dem Eigenglück andere glücklich machen.

Sich selbst zu lieben, ist der Beginn einer lebenslangen Romanze. (Oscar Wilde)

Fang also bei dir an und baue deine eigene Marke auf, deine Marke

ICH

Was kann deine Marke? Wofür steht deine Marke? Was ist das Besondere an deiner Marke?

Um das herauszufinden, bedarf es Zeit, einer Strategie und einem Rendezvous mit der wichtigsten Person in deinem Leben, also mit dir. Lust und Zeit?

In deiner Glücksformel findest du drei Oberbegriffe für deinen eigenen ICH-Markenaufbau:

1. Nimm dir Zeit für dich
2. Nimm dich wichtig
3. Entwickle dich weiter

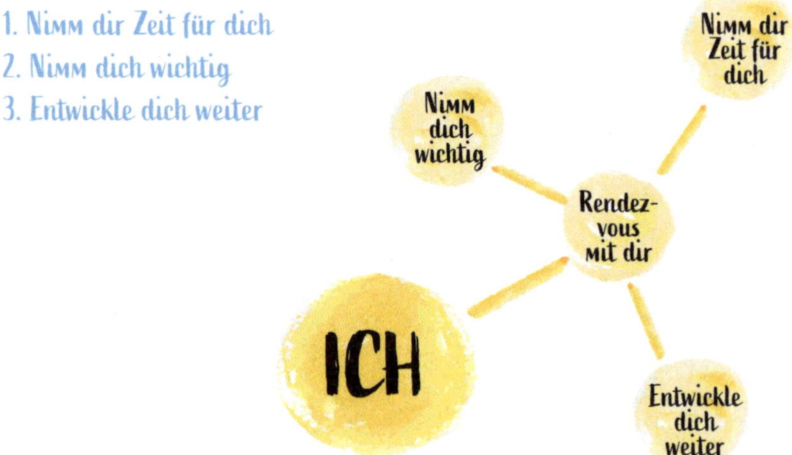

Was hat dich in der Vergangenheit glücklich gemacht und was wird dich in Zukunft glücklich machen? Darüber lohnt sich ein Gespräch mit dir, ein ganz besonderes Rendezvous. Ein wertschätzendes Gespräch mit einer wichtigen und liebenswerten Person, mit dir.

Behandle dich liebevoll und achte auf dich.

Das ist eine Art Selbstreflexion. Lerne dich besser kennen und finde zu dir selbst. Das schreibt sich so einfach, ist es aber nicht. Im Alltag findet man nicht die Ruhe, einen Dialog mit sich selbst zu führen. Das Hamsterrad (egal wie groß oder klein es ist) dreht sich und lässt uns kaum Luft.

Wir merken es daran, dass wir unsere Vorsätze wie regelmäßig Sport zu treiben et cetera schon nicht schaffen … Jetzt soll ich noch eine Selbstreflexion machen und und und …? Am Anfang sollte man dem Glück entgegengehen, Zeit investieren und wissen, was man überhaupt will. Da kann auch niemand von außen helfen …

… denn dein Glück ist deine bewusste Entscheidung.

Also investiere Zeit in dich und kläre die wichtigsten Fragen deines Lebens:
Was willst du?
Was ist deine Leidenschaft?
Wer willst du sein?
Was macht dich glücklich?

Um das rauszufinden, darfst du mit dir einen Dialog führen.

Hab ein Rendezvous mit dir selbst und erlebe einen ICH-Tag.

Nimm dir ein- bis zweimal im Monat einen ganzen Tag Zeit. Kein Handy. Keine Termine. Einen Tag mit dir alleine. Schaffe dir eine Wohlfühlumgebung. Etwas, was du gerne machst. Vielleicht ist es ein Wellnesstag, eine Zigarren-Lounge, ein Waldspaziergang, eine Parkbank …

Wichtig ist:
Du bist alleine (es ist ein ICH-Tag!!!)
Kein Handy (= keine Ablenkung)
Keine Termine (du hast also Zeit)
Absolute Ruhe (für deinen inneren Dialog)

Ich kann von meinem ersten ICH-Tag berichten. Absolut ungewöhnlich, da ich ohne Handy unterwegs war. Ich konnte also noch nicht mal googeln, wo was ist oder was ich jetzt am besten machen soll. Ich ließ mich also treiben. Ich schlenderte durch die Stadt und merkte immer wieder, wie ich versuchte auf mein Handy zu schauen, welches ich ja gar nicht dabei hatte.

Die Zeit wurde langsamer! Keine hektischen Blicke auf verpasste Anrufe, auf WhatsApp-Nachrichten oder Facebook-Infos. Einfach nichts. Dann schaute ich mich um und sah Menschen hektisch laufend und telefonierend. Ich sah Paare am Tisch eines Restaurants, beide ins Handy vertieft.

Ich nahm mein Umfeld plötzlich intensiv wahr. Jedes Detail.

Ich sah eine hektische und schnelle Welt und trotzdem verspürte ich absolute Ruhe und Gelassenheit, da ich mit diesem Außenstress nichts zu tun hatte.

Kein Handy, keine Termine. In dieser Phase setzte ich mich in ein Restaurant und bestellte einen Cappuccino. Links und rechts von mir operative Hektik. In dieser Beobachtungsphase erschien mir alles so unendlich schnell und komplex, keiner nimmt sich Zeit, alles ist in Bewegung. Und dann war mir klar, wie wichtig es ist, sich von Zeit zu Zeit aus diesem Kreislauf für einen Moment zu entfernen und die Situationen aus einem anderen Blickwinkel zu betrachten. Erst mit dem Außenblick wird es verständlich.

Ich wäre sonst auch jemand gewesen, der im Restaurant mit seinem Handy beschäftigt ist, statt voll und ganz bei seinem Partner zu sein, mit dem man gerade Essen geht. Wir lenken uns zu sehr ab. Wir sind nicht mehr im Hier und Jetzt.

Diese Erkenntnis hatte ich bei meinem ersten ICH-Tag. Je mehr ICH-Tage ich erlebte, desto mehr kam ich zur Ruhe und fing an, mich mit mir selbst zu beschäftigen.

Welche Pläne habe ich?
Wohin möchte ich?
Was tut mir gut?
Was geht gar nicht?
Wer möchte ich in fünf, zehn oder fünfzehn Jahren sein?
Welche Ziele habe ich?
Wie wichtig ist Zeit?
Was macht mich glücklich?

So entstand auch die Idee, diese Fragen nicht nur für mich zu klären, sondern auch andere Menschen zu fragen, welche Gedanken sie beschäftigen und wie ein Weg zum Glück funktionieren kann.

Am Ende eines ICH-Tages, nimm dir Zeit, um alle deine Eindrücke und Besonderheiten des Tages aufzuschreiben. Mach es dir gemütlich, schaffe dir eine Wohlfühlumgebung, nimm dir ein Buch mit leeren Seiten, deinen Lieblingsstift und genieße deine Zeit. Ob du deine Gedanken in Stille aufschreibst oder mit leiser Musik, hängt von dir ab und was du magst. Ich persönlich höre fast immer leise Klaviermusik. Suche dir einfach eine Playlist aus, zum Beispiel »Wundervoll verträumte Pianostücke zur Entschleunigung«, starte die Zufallswiedergabe und lass dich inspirieren.

Bei meiner letzten musikalischen Zufallsreise entdeckte ich ein wundervolles Lied, welches perfekt zum Aufbau deiner Ich-Marke passt, es war von »The Piano Guys« und der Song »Just the Way You Are«. Bei diesem Song kommen dir wundervolle Gedanken, versprochen. Schreib einfach deine Gedanken, die du an deinem ICH-Tag erlebt hast, auf.

Es gibt kein richtig oder falsch, sondern nur zwei Kategorien:

1. Was macht dich glücklich? ➲ Mach es.
2. Was macht dich nicht glücklich? ➲ Kann weg.

Allein die Frage »Was macht dich glücklich?« ist schon sehr komplex, aber irgendwo musst du ja anfangen. Hier kamen mir wieder die Gedanken von Professor Dr. Bellebaum in den Sinn, der sagte, es ist für die Menschen einfacher, die Dinge zu definieren, die sie unglücklich machen, als die Dinge, die glücklich machen.

Okay, wenn das der einfachere Weg ist, dann fang so an. Was macht dich gerade unglücklich? Schreib einfach drauf los … Und jetzt, (Trommelwirbel) … was macht dich glücklich?

Da nur du dir die Frage beantworten kannst, fang an, darüber nachzudenken, dich hineinzufühlen und es zu dokumentieren. Schreib alles auf und dann fertige ein Vision Board an.

Gähn …, schon tausend Mal gehört … Ja, aber gehört ist nicht gemacht und gemacht ist noch nicht umgesetzt. Das Leben kann so einfach sein, aber manchmal verkomplizieren wir Dinge. Ein Vision Board ist eine Zusammenstellung von Dingen, die ich mir in der Zukunft wünsche und es erinnert mich immer wieder an meine Ziele. Es soll mich motivieren, auch in schwierigen Zeiten, an meinen Zielen festzuhalten.

Ein Vision Board hilft auch glücklich zu sein,
denn es kann eine Art Kompass sein
und dir Orientierung geben.

Glück ist erstrebenswert und jede Mühe lohnt sich.

Tu es für dich und werde

glücklICH!

Denn am Ende unseres Lebens werden wir uns
selbst die wichtigste Frage beantworten:
Hattest du ein glückliches Leben?

10.

»Ja« sagen, macht glücklich

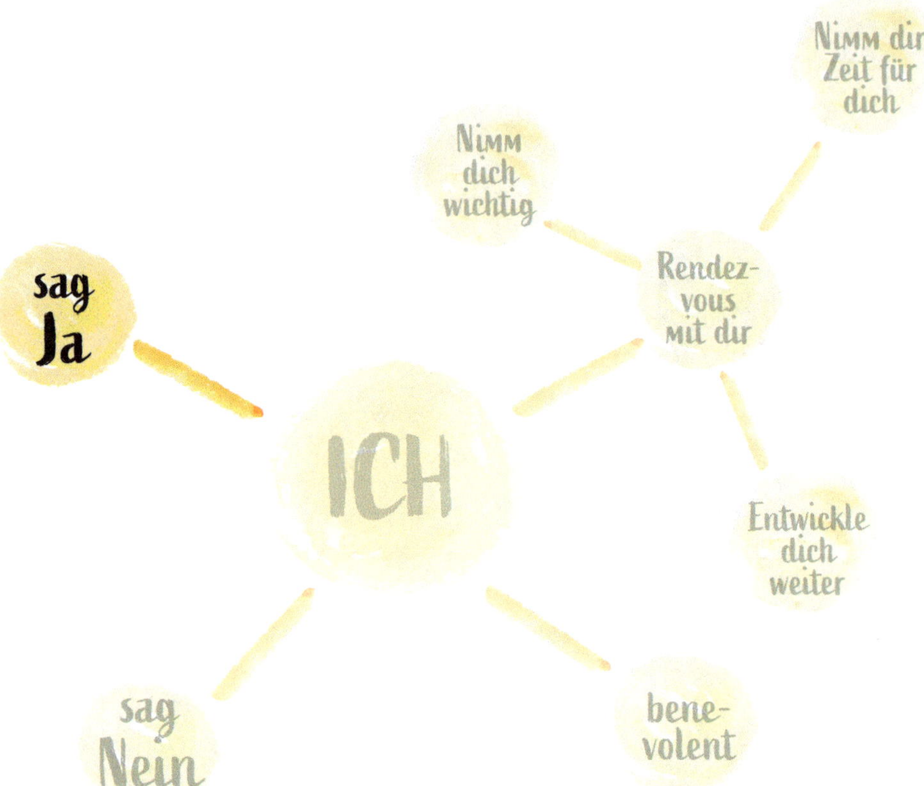
Nimm dir Zeit für dich
Nimm dich wichtig
sag Ja
Rendez-vous mit dir
ICH
Entwickle dich weiter
sag Nein
bene-volent

Das Ja-Wort ist so kraftvoll und so energiegeladen.
Ein Ja bewegt.
Ein Ja startet.
Ein Ja gibt Mut.
Ein Ja rettet und hilft
und ein Ja zu deinem Leben, zu deinem glücklichen Leben, ist das tiefste, emotionalste und wichtigste Ja, welches du dir geben kannst.

Always say »yes« heißt nicht wirklich, dass du zu allem »Ja« sagst, aber es soll dir zeigen, dass es sich lohnt, über ein Ja nachzudenken. Denn die wundervollsten Dinge passieren nach einem Ja. Du wirst auch mal bei einem Ja scheitern, na und … hättest du »Nein« gesagt, hättest du eine Erfahrung weniger. Die meisten Menschen scheitern, weil sie weder »Ja« noch »Nein« sagen, also ein klassisches Jein.

Ein »Jein« ist kraftlos und zeigt nur Unentschlossenheit.

Trainiere deinen Entscheidungsmuskel und warte nicht immer auf den perfekten Moment, den gibt es sowieso nur in der Theorie.

Besser unvollkommen begonnen als perfekt gezögert.

Probiere Dinge aus, dann weißt du, ob es dir gefällt oder nicht. Ob es dich glücklich macht, oder nicht.

Welche JAs bringen dich wirklich weiter beim

Projekt »Ich will glücklich sein?«

Das wichtigste Ja ist das Ja zu dir selbst.

Ja zu dir. Behandle dich liebevoll!

Wie gehst du mit dir selbst um?
Achtest du auf dich und deine Bedürfnisse?
Wie denkst du über dich?
Machst du dich vor anderen eher klein?
Wie redest du mit dir selbst (auch in Gedanken)?
Bist du eher optimistisch oder plagen dich Selbstzweifel?
Fange heute damit an, bewusst Ja zu dir zu sagen.

Ja zu dir. Tue Dinge, die du liebst!

Der Alltag frisst uns manchmal auf und wir wissen gar nicht, wo wir anfangen sollen. Doch das ist einfach. Fang immer bei dir an, bei der wichtigsten Person in deinem Leben. Alles, was du für dich tust, ist richtig und wichtig. Denk an deinen ICH-Tag. Er ist ein wahrer Glücksspender.

Ja zu dir. Probiere Dinge aus und sei mutig!

Viele Menschen haben Angst vor etwas (zum Beispiel vor einem Tandemfallschirmsprung) und wenn diese Menschen ihre Angst überwunden haben und es dann doch ausprobiert haben, wollen sie sofort ein zweites Mal springen, da sie dieses Glücksgefühl wieder erleben wollen. Das ist nur ein Beispiel und wenn du Höhenangst hast und das nicht willst, ist das okay. Aber dieses Beispiel ist deswegen so treffend, weil ich es in meinem Umfeld zigmal erlebt habe und auch selbst schon mehrfach gesprungen bin. Von einem mulmigen Gefühl, bis zur absoluten Spannung, zu einer panischen Angst und dann zum absoluten Glücksgefühl. Beim Tandemsprung erlebt man alles. Probiere es mal aus. Oder auch nicht. Oder vielleicht doch? Deine Entscheidung.

Ja zu dir. Ja zu deinem Umfeld.

Verbringe Zeit mit Menschen, die dir wichtig sind. Wer sind deine Lieblingsmenschen?

Glück ist, Zeit mit Menschen zu verbringen, die aus einem ganz normalen Tag, etwas ganz Besonderes machen.

Dein Umfeld ist sehr entscheidend. Denn Zeit mit Menschen zu verbringen, die einem wichtig sind, schafft wahre Glücksmomente. Such dir dein Umfeld aus. Wo fühlst du dich wohl? Wenn du zur Zeit kein Umfeld hast, welches dir gefällt, dann such dir ein neues Umfeld. Auf der Suche nach einem neuen Umfeld gibt es viele Wege.

1. Deine Hobbys und deine Leidenschaft

Wenn du im Internet nach Gruppen mit gleichen Interessen suchst, wirst du schnell fündig. Gleiche Interessen und neues Umfeld klingt nach guter Stimmung und viel Spaß.

2. Deine Ziele führen dich zu Menschen

Suche nach Menschen, die bereits dort sind, wo und wie du sein möchtest. Wenn also dein Umfeld aus deinen Vorbildern besteht, kann es nur gut werden.

Ja zu dir. Ja zum Verzeihen.

Alter Zorn und verletzte Gefühle sind echte Glückskiller. Verzeihen bedeutet nicht, alles zu vergessen oder etwas gutzuheißen. Es bedeutet nur, dich selbst frei zu machen von den Verletzungen der Vergangenheit. Das Ja zum Verzeihen, schafft Platz für Neues und schafft Platz für Gutes.

Ja zu dir. Ja zum Leben.

Das Leben ist schön, du musst nur genau hinschauen. Okay, manchmal muss man etwas genauer hinschauen und ja, es gibt auch Tage, da muss man lange suchen, um etwas Schönes zu finden, aber wer sucht, der findet!

Beginne deinen nächsten Tag mit einem bewussten Ja! und der Tag wird dir entsprechend antworten.

11.

ICH

sag Nein

»Nein« sagen, macht glücklich

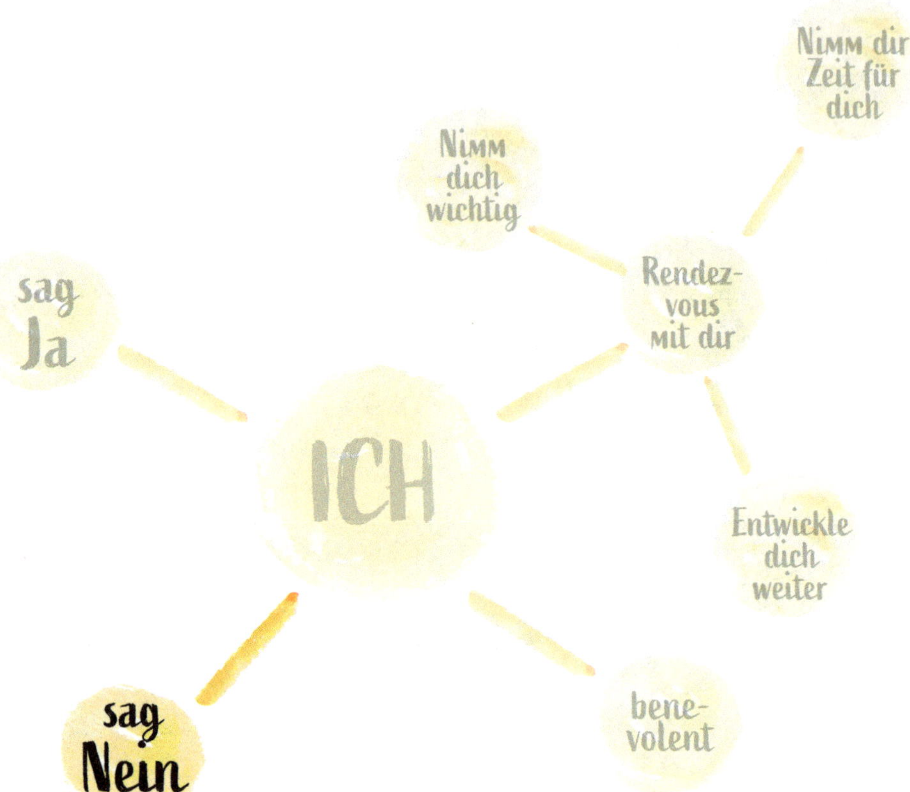
Nimm dir Zeit für dich
Nimm dich wichtig
Rendez-vous mit dir
sag Ja
ICH
Entwickle dich weiter
sag Nein
bene-volent

Ja, was denn jetzt? »Ja« sagen macht glücklich oder »Nein« sagen macht glücklich? Das kommt darauf an, auf jeden Fall kein Jein. Ja zu Dingen, die dir gut tun und ein klares Nein zu Dingen, die dir schaden.

Lerne, »Nein« zu sagen.

Wer sich immer wieder Aufgaben aufschwatzen lässt, verschwendet viel Lebenszeit. Du merkst schnell, ob dir etwas gut tut oder nicht. Die meisten Menschen haben verlernt, »Nein« zu sagen und machen etwas gegen ihren Willen, um nett zu sein, oder weil sie sich verpflichtet fühlten. Verpflichtet gegenüber wem?

Die wichtigste Person, der du verpflichtet bist, bist du.

Hier ein Tipp, wie man »Nein« sagt: Wenn du also etwas nicht tun willst, dann sage »Nein« und zwar ein Nein ohne Begründung. Die meisten versuchen, das Nein zu entschuldigen und machen eine Story darum. Das sorgt dafür, dass dein Gegenüber weiter bohren wird und dein Nein so erst mal nicht akzeptiert. Also gib eine klare Nein-Botschaft. Wenn dein Gegenüber trotzdem weiter bohrt, gibt es einen klassischen Satz, der immer funktioniert.

Habe bitte Verständnis für mein Nein, denn ein Nein zu dir ist ein Ja zu mir.

Das ist ein klares, unmissverständliches Statement von dir und damit ist die Sache auch erledigt!

Nein zu allem, was dich stresst.

Stress ist wahrscheinlich der größte Glückskiller. Wenn du nur zwischen Terminen hetzt, hast du keine Zeit und auch keinen Blick für die Schönheit deiner Umgebung und der Menschen. Viel zu viele Aufgaben, viel zu dicht gedrängte Termine, keine Zeit zum Luftholen oder Essen. Das kann nicht richtig sein. Lerne abzugeben und trenne dich von deinem Perfektionismus.

Andere Menschen können auch viel, gib ihnen die Chance und gewinne Zeit, es ist deine Zeit!

Lerne, Pausen einzulegen und du wirst sehen, wenn du relaxed und entspannt zu einem Termin kommst, wird es vom Umfeld sofort bemerkt, denn hektische und gestresste Menschen gibt es genug, warum also du? Wenn du zwischen zwei Terminen auf einmal mehr Zeit hast, als geplant, genieße diese gewonnene Zeit und tue was für dich. Spaziergang im Wald, Musik hören oder einfach nichts tun und das mit gutem Gewissen auch genießen.

Nein zu Problemen, die dich nicht betreffen.

Du kennst das vielleicht, schwupps versucht dir jemand (s)ein Problem aufzudrücken. Das Problem schwappt förmlich auf dich drauf, obwohl es nicht zu dir gehört. Mache Probleme anderer Menschen nicht zu deinem Problem und gib der Person die Chance, sein Problem selbst zu lösen und damit zu wachsen.

Ich habe einen echten Tipp, wie du Problemübergeber auf nette Art und Weise zur Selbstlösung bringen kannst und du dich damit von Fremdproblemen lösen kannst.

Du sagst einfach:
»Wow, das ist ein echt interessantes Problem, welches du hast. Ich bin gespannt, wie du das lösen wirst, halte mich bitte auf dem Laufenden.«

Nein zu Menschen, die dir schaden.

Niemand hat das Recht, uns dauerhaft zu schaden. Ob ein Mensch in deinem Umfeld ein Energiefresser oder ein Energiegeber ist, lässt sich schnell ermitteln. Du kennst sofort die üblichen Verdächtigen. Vermeide zu langen Umgang mit diesen Menschen. Vielleicht kannst du den Kontakt nicht ganz vermeiden (weil es eventuell dein Chef ist), aber du kannst Kontakte auf ein Minimum reduzieren. Damit gewinnst du positive und glückliche Lebenszeit.

Beginne deinen nächsten Tag mit einem bewussten Nein! für Dinge, die dir nicht gut tun und der Tag wird dir entsprechend dankbar sein.

12.

Benevolent sein = GLÜCKSStörfaktoren meiden

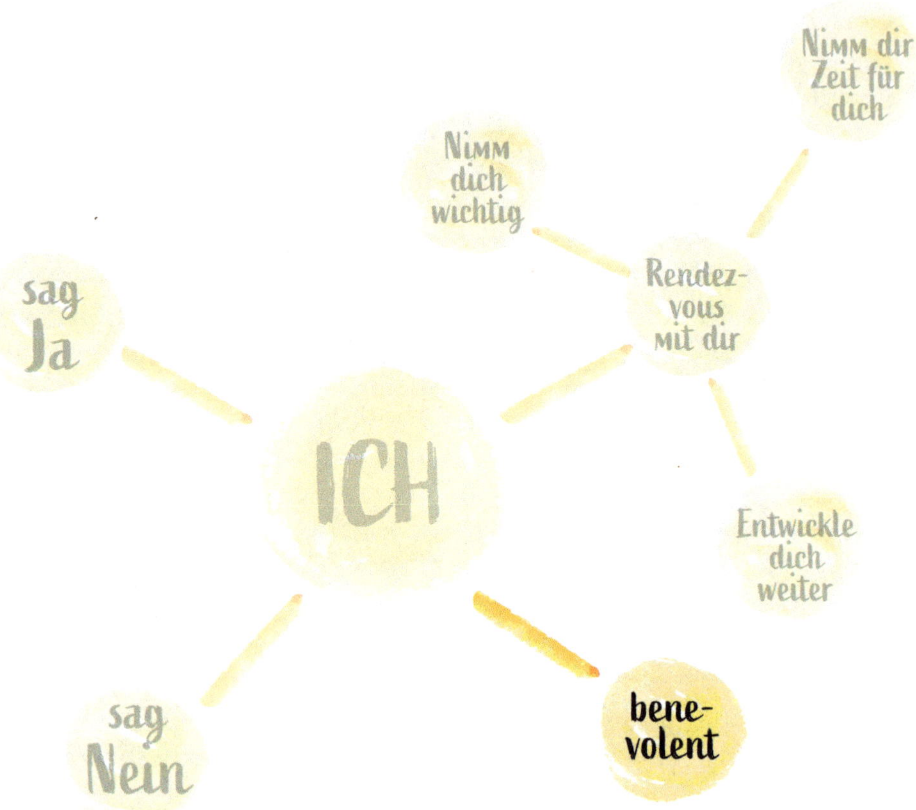
Nimm dir Zeit für dich
Nimm dich wichtig
sag Ja
Rendez-vous mit dir
ICH
Entwickle dich weiter
sag Nein
bene-volent

Wer kennt das nicht?

Eigentlich willst du glücklich sein und du nimmst dir das auch vor und dann – plötzlich – passiert wieder etwas, was dich aufregt, dich aus dem Gleichgewicht bringt. Irgendein Idiot, der obwohl du Vorfahrt hattest und er von links kam, einfach mit viel zu hoher Geschwindigkeit fast einen Unfall verursacht hätte, dieser Vollpfosten … und und und … Wie viel Glück empfindest du in dieser Situation? Ich bin kein Wahrsager, aber meine Vermutung ist: Dein Glücksfaktor liegt jetzt gerade in dieser Situation bei Nullkommanull. Manchmal steigert man sich sogar hinein und der ganze Tag ist im Eimer.

In dieser oder einer ähnlichen Situation hilft es

benevolent

zu sein. Dieser Begriff steht für »wohlwollend« (gütig, gutmütig, easygoing, gut gemeint.)

Gleiche Situation, anderes Denkmuster:

1. Ich unterstelle dem Fahrer eine gute Absicht (bene – gut, volent – wollen). Vielleicht war auf dem Beifahrersitz seine schwangere Frau, die kurz vor der Entbindung steht. Er macht sich große Sorgen. An dieser Stelle empfinde ich Mitgefühl und sogar Verständnis für diese Person. Ich wünsche dieser Person sogar Glück und vor allem ein happy End.
2. Der Fahrer war einfach unachtsam und wir können von Glück sprechen, dass nichts passiert ist.

Für beide Möglichkeiten einfach Dankbarkeit und Glück empfinden – fertig.

Benevolent zu sein, heißt in erster Linie, keine Opferrolle einzunehmen.

Als Opfer wirkst und denkst du
machtlos,
hilflos,
wütend,
ängstlich,
verärgert,
verbittert.

Benevolent zu sein, heißt
Güte,
Verständnis,
Weitsicht,
dankbar sein, dass nichts passiert ist.
Hoffnungsvoll, dass es dem anderen gut geht.

Diese Gedanken sind auf jeden Fall hilfreicher und machen dich glücklicher (und darum geht's in diesem Buch ☺).

Vor kurzem hatte ich ein interessantes Erlebnis

Ich saß mit meiner Frau beim Essen. Wir saßen in der Außengastronomie im ersten Stock eines Restaurants und eine Treppe führte direkt auf die Terrasse. Ein Mann kommt die Treppe rauf und schaut, ob noch ein Platz frei ist. Dann dreht er sich um, schaut die Treppe hinunter und klatscht zweimal in die Hände. Mein erster Gedanke: »Oh, jetzt kommt ein Hund.« Kurze Zeit später kommt seine Frau die Treppe hoch und ich erkenne an den Blicken der übrigen Gäste, dass dieser Mann gerade von den Frauen nicht als »Gentlemen« bezeichnet wird.

Bevor ich verurteile, habe ich persönlich gelernt, brauche ich alle relevanten Infos. Neben uns war noch ein Tisch für zwei Personen frei und beide setzen sich hin. Als die Kellnerin kam, bestellte die Frau ein Wasser und fragt ihren Mann, was er bestellen möchte. Der Mann spricht mit leiser, zerbrechlicher und kaum zu hörender Stimme: »Schatz, ein Bier, bitte«. Seine Frau wiederholt für die Kellnerin mit lauter Stimme »Ein Bier bitte für meinen Mann«.

Als wir später am Abend mit Horst und Gerda ins Gespräch kamen, war schnell klar, Horst hatte Kehlkopfkrebs und bekam kaum einen Ton heraus und Gerda hatte Gehprobleme. Gerda witzelte und erzählte, dass sie in früheren Zeiten ihren Mann vorgeschickt hatte, um zu wissen, ob auf der Terrasse noch ein Platz frei war. Horst hätte immer gerufen, aber es kam bei ihr nichts an ☺.

Daraufhin hätten sie die Idee gehabt:
Zweimal klatschen = Platz sofort frei,
einmal klatschen = Platz wird gleich frei,
zurückkommen = nichts frei.

Manchmal würden die Leute komisch schauen, aber sie könnten nicht jedem ihre Geschichte erzählen. Sie haben für sich den besten Weg gefunden! Dann sagte Sie einen schönen Satz:

»Wer schlecht denkt, muss selbst damit klar kommen.«

Wir haben an diesem Abend noch herzhaft gelacht und ich fand die Idee superlogisch!

Benevolent zu sein, heißt, im Einklang mit mir selbst zu sein und grundsätzlich eine positive Absicht zu unterstellen.

Daher hängt seit vielen Jahren in meinem Büro mein Lieblingsspruch:

Und immer, wenn wir lachen, stirbt irgendwo ein Problem.

13.

GLÜCKSBaustein GMK

Deine Glücksbilanz durch GMK erhöhen ...

GlücksMomentKlick

Schaffe Glücksmomente

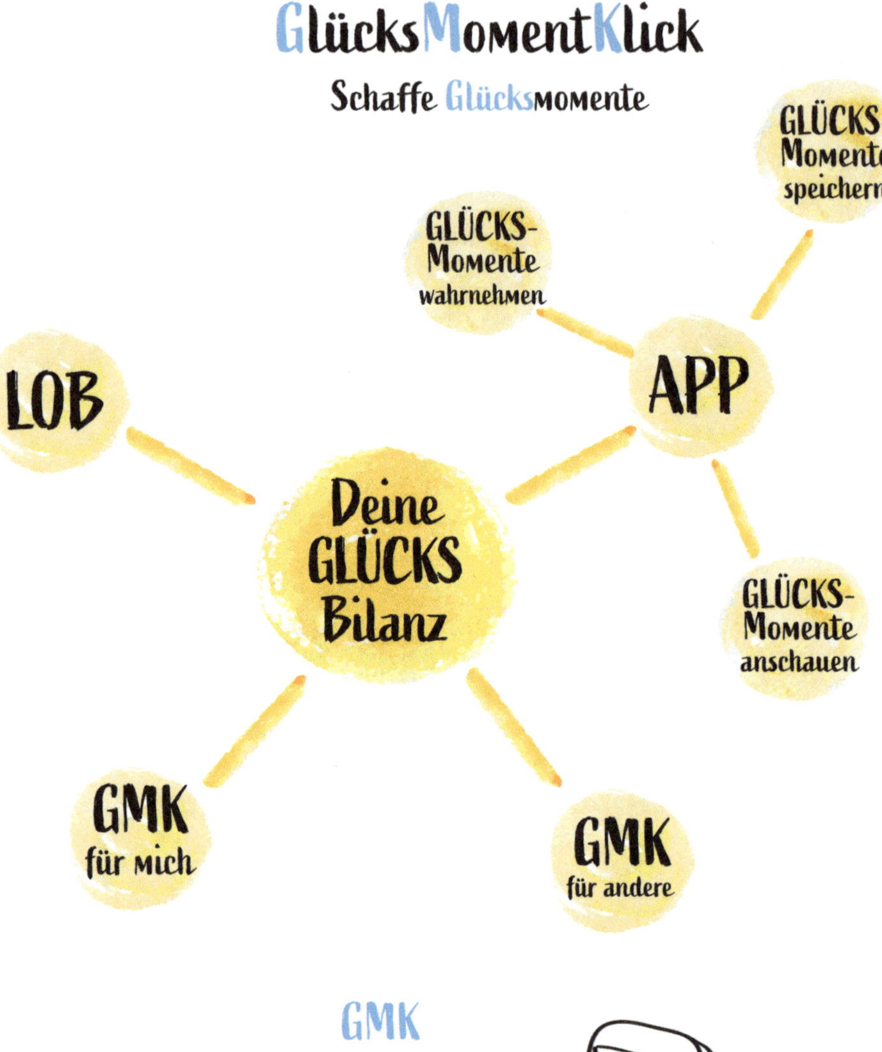

GMK

Glücksmomente

» wahrnehmen
» in der App speichern.
» anschauen

Was ist also deine grundsätzliche Lebensaufgabe?

Im Grunde ganz einfach. Deine primäre Aufgabe ist es, dass du glücklich bist oder wirst. Fertig!

Sorge also für eine positive Glücksbilanz, indem du GMKs (GlücksMomentKlicks) erschaffst.

Glück ist nämlich kein Endziel, sondern eine Reise.

Es zählen die glücklichen Momente in deinem Leben. Wie viele glückliche Momente konntest du dir sichern, wie viele Glücksmomente stehen in deiner Lebensbilanz?

Damit wir uns richtig verstehen: Glück ist kein Dauerzustand, sondern ein Hoch in deiner Bilanz. In deiner Bilanz wird es auch Tiefs geben, das nennt man Leben. Es ist also wie eine Lebenslinie zu betrachten.

Rein technisch mathematisch eine positive Zehner-Skala und eine negative Fünfer-Skala. Warum nur eine Fünfer-negativ-Skala? Weil das Negative sowieso stärker vom Unterbewusstsein behalten wird, brauchen wir jetzt das Negative nicht noch zu unterstützen ☺. Jede Schwierigkeit in deinem Leben ist auch ein Lehre.

Frage dich,

1. warum bekommst du gerade diese Aufgabe?
2. was ist das Learning daraus?
3. was ist gut daran?

Wahrscheinlich wirst du erst viel später erkennen können, was gut daran war, denn …

… das Leben wird vorwärts gelebt,

aber rückwärts verstanden.

Wenn du ganz ehrlich zu dir bist und mal in deine Vergangenheit schaust, welche Probleme du dort hattest und was aus deinen Problemen Jahre später geworden ist, wird dir das klar. Entweder sind die meisten verpufft und nicht mehr wichtig, oder aus diesem Problem hat sich viel später eine Chance entwickelt.

Wie oft hast du dein Glück verpasst, weil es als Problem verkleidet war? Ich hatte vor vielen Jahren ein vermeintliches Problem und war am Boden zerstört. Eine sehr gute Freundin hat mich dann mit einem selbst geschriebenen Gedicht getröstet. Sie nannte es »Tieferen Sinn« und hat mich damit sehr berührt. Meine zukünftigen Blicke auf Schwierigkeiten waren seitdem anders und tatsächlich, vier Jahre später konnte ich erkennen, dass durch dieses vermeintliche große Problem eine extrem große Chance gewachsen ist. – Vielen lieben Dank Roswitha.

Tieferer Sinn

Egal, was passiert, es muss geschehen,
auch wenn wir zuerst keinen Sinn darin sehen.

Der Sinn ist auf jeden Fall da,
nur unser Blick dafür eher sehr rar.

Doch ohne Schwierigkeiten,
die gilt es zu überwinden,
würden unsere Fähigkeiten, Talente
im Dunkeln verschwinden.

Wir könnten sie nicht nutzen,
wir bräuchten es auch nicht,

wir könnten nicht über uns hinauswachsen,
oder verändern unsere Sicht.

Alles, egal was, hat seinen Sinn.

Wir werden ihn irgendwann erkennen,
vielleicht auch eher, ...
... blicken wir tiefer hin.

Roswitha Broj-Bohler

Deshalb verarbeitet ein Happyologe oder eine Happyologin einen negativen Ausschlag so …

1. Situation annehmen (es ist, wie es ist).
2. Situation bewerten (Verhältnis achtzig Prozent Chance/zwanzig Prozent Risiko).
3. Optimistisch umsetzen (es wird, was du daraus machst! Positive Grundhaltung).
4. Das Beste daraus machen (Projekt gelingt oder ich lerne daraus).

Glücklich sein, bedeutet nicht,
von allem das Beste zu haben
oder zu bekommen,
sondern aus allem das Beste zu machen!

In der positiven Zehner-Skala gibt es folgende Wertungen:

+10 Glückseligkeit
+ 9 optimal
+ 8 fantastisch
+ 7 großartig
+ 6 super
+ 5 sehr gut
+ 4 gut
+ 3 ziemlich gut
+ 2 in Ordnung
+ 1 okay

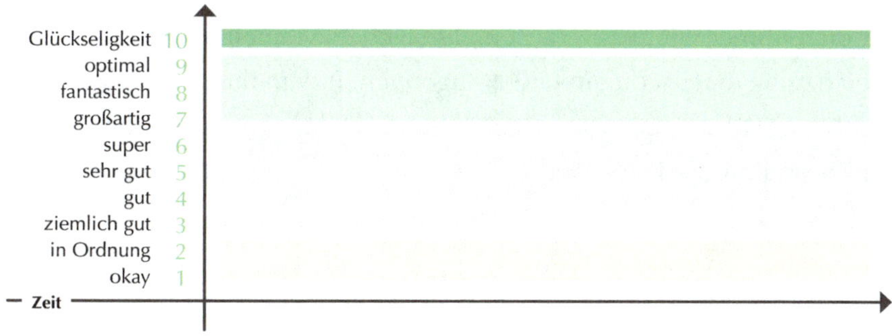

Wir wissen aus dem vorherigen Kapitel, dass negative Erlebnisse besser gespeichert werden … Shit! Was tun? Ganz einfach … das Gehirn austricksen, denn eigentlich wollen wir ja glücklich sein, aber unser Gehirn will uns nur retten und vor schlimmen Dingen bewahren.

Ein gut gemeinter Rat von mir:

Akzeptiere dein Gehirn,

es meint es nur gut mit dir!

Du willst aber auch glücklich sein und dich an diese glücklichen Momente besser und länger erinnern. Also mache einen Kompromiss zwischen dir und deinem Gehirn: Das Gehirn speichert weiterhin die Gefahren, aber zusätzlich speicherst du die glücklichen Momente besser und länger!

Also wird von dir (ja von dir) Folgendes erwartet: Du bemerkst einen glücklichen Moment und nimmst ihn bewusst wahr. Du gibst diesem glücklichen Moment ein tiefes, glückliches Gefühl (Gelassenheit, inneres Lächeln, tiefe Dankbarkeit) und ankerst es mit einem Gegenstand, der dich immer wieder an diesen glücklichen Moment erinnert.
Gleichzeitig machst du ein Glückstagebuch, indem du dir einmal in der Woche, am besten zu einer festen Uhrzeit, Ruhe gönnst, darüber nachdenkst und dir die Frage stellst:

Welche drei Dinge haben mich in dieser Woche glücklich gemacht?

Aufschreiben, ankern und speichern. Jetzt soll es ja diese Wochen geben, wo nichts, also gar nichts läuft. In der Woche hat dich aber auch nichts, also gar nichts glücklich gemacht. Ja, diese Wochen gibt es. Solange daraus keine Monate werden, ist auch alles gut. Ich hatte auch mal so eine Woche und dann habe ich einen Spruch gelesen, der mich zum Lachen und zum Weinen gebracht hat.

Wenn du den Meeresgrund kennengelernt hast, fürchtest du dich in Zukunft nicht mehr vor Pfützen.

Du weißt selbst, in jeder Krise steckt eine Chance. Nicht umsonst haben die Chinesen fast die gleichen Symbole für Krise und Chance. Wei-*ji* und *ji*-hui.

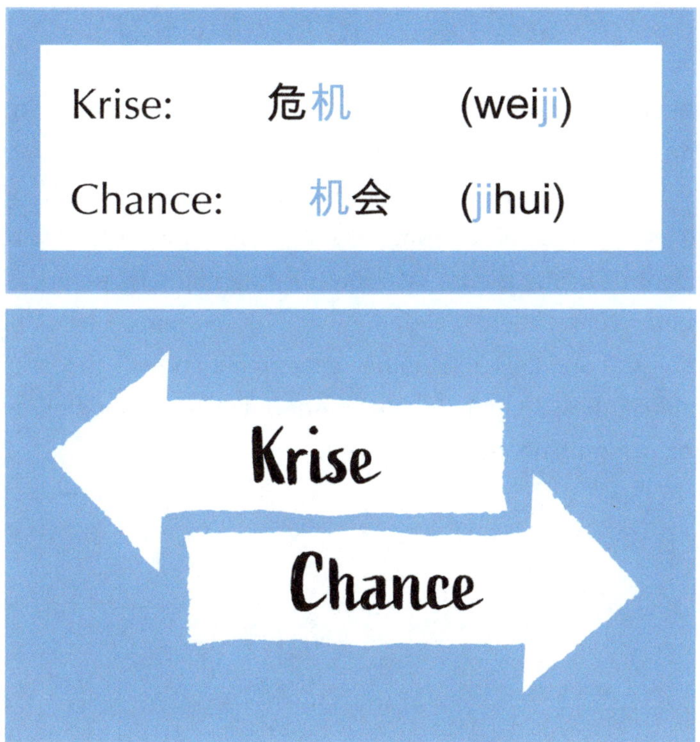

Die Coronakrise ist mal wieder ein besonderes Beispiel.
Krisenstarre oder Chancen ergreifen? – Deine Entscheidung.
Chancen finden sich aber nicht, wenn man im Krisenmodus verweilt und unbeweglich ist. Veränderte Situationen verlangen verändertes Handeln. Veränderte Situationen verlangen verändertes Denken.

Kommen wir aber jetzt wieder zu deiner Woche, die wirklich übel verlaufen ist. Dann hilft nur Folgendes: Schreibe drei Dinge auf, für die du dankbar bist.

Dankbarkeit öffnet dein Herz.

Das funktioniert immer, denn Dankbarkeit wirst du immer fühlen, wenn du tief in dich hinein hörst. Es gibt genügend Dinge, für die du dankbar sein kannst. Du kannst reden, hören, sehen, gehen, laufen, denken, ... Und wenn eines dieser Tätigkeiten für dich nicht zutrifft, hast du die anderen fünf Bereiche. Wie viele Paralympics-Teilnehmer haben durch einen schrecklichen Unfall etwas verloren und gleichzeitig Mut, Zielstrebigkeit und Entschlossenheit gewonnen. Lerne Dankbarkeit und Achtsamkeit, diese beiden wichtigen Attribute sind Grundpfeiler in deiner ganz persönlichen Glücksformel.

Ich habe noch nie eine dankbare Person gefunden, die verbittert war und noch nie eine verbitterte Person die dankbar war.

Und nun … finde Glücksmomente in deinem Leben und halte sie fest.

Kategorisiere sie in einer Zehner-Skala und mach dein Glück für dich jederzeit abrufbar, wenn du es brauchst.

Mach die Glücksformel damit zu deiner persönlichen Glücksformel …

Dein persönliches GLÜCK =

(D + ICH + GMK) × APP

14.

GLÜCKSMomente erschaffen (GMK)

LOB

Deine GLÜCKS Bilanz

GMK für mich

GMK für andere

GLÜCKS-
Momente
speichern
GLÜCKS-
Momente
wahrnehmen
LOB
APP
Deine
GLÜCKS
Bilanz
GLÜCKS-
Momente
anschauen
GMK
für mich
GMK
für andere

Wie kann ich denn Glücksmomente erschaffen?
Die Neurologen sind sich seit vielen Jahren sicher. Es gibt drei Neurotransmitter, die beim Thema Glück eine entscheidende Rolle spielen:

Oxytocin (auch Kuschelhormon genannt)

Ausschüttung erfolgt bei sozialen Interaktionen und besonderer Aufmerksamkeit. Oxytocin wirkt als Neurotransmitter direkt im Gehirn und löst ein positives Empfinden aus (Paarbindung, Orgasmen, mütterliche Bindung, Gruppenbildung , Teamsituation).

Dopamin (das Hormon der Freude, auch der Vorfreude)

Ausschüttung erfolgt bei der Erfüllung eines Wunsches oder zum Beispiel durch die Vorfreude auf ein schönes, bevorstehendes Erlebnis. Dopamin dient im Gehirn der Kommunikation der Nervenzellen untereinander, ist also ein Nervenbotenstoff (Neurotransmitter), der dabei in bestimmten Schaltkreisen positive Gefühlserlebnisse vermittelt (Belohnungseffekt).

Serotonin (beruhigender Gegenspieler von Adrenalin) sorgt allgemein für körperliches Wohlbefinden.

Ausschüttung erfolgt zum Beispiel bei moderatem Sport (keine Höchstleistung), Naturerlebnisse oder Musik hören. Serotonin wirkt sich positiv auf deine Stimmung aus. Als sogenanntes Glückshormon fördert es das Wohlbefinden und wirkt beruhigend.

Alle drei dienen dem Zweck, dass es dir gut geht und steigern das Verlangen, dass das Verhalten, welches zu diesem Erlebnis geführt hat, wiederholt wird.

Das sind doch erst mal gute Möglichkeiten, die nur auf deine Umsetzung warten. Aber Vorsicht, es gibt auch Glücksgegenspieler:

DRAMAtonin

zu viel Drama ist nicht gut, bleib lieber gelassen, das hat einfach mehr Spaßfaktor! Quicktipp: Positive und lebensbejahende Musik hören und tanzen (auf jeden Fall Bewegung).

WUTamin

Wut ist ein Glückskiller und ein schlechter Begleiter, bleib lieber benevolent und genieße dein Leben. Nicht alles, was in deinem Leben passiert braucht eine Reaktion. Quicktipp: Meditieren oder Waldspaziergang (auf jeden Fall ein Ortswechsel).

ANGSTtocin

sorgt für Adrenalin, Stress und Ziel- sowie Motivationsstarre, also lass es einfach weg. Quicktipp: Lass dich ablenken. Lieblingsfilm schauen, Musik hören, tu dir etwas Gutes und denke an andere Dinge.

Wenn du glücklich sein möchtest, dann sei es hier und jetzt, egal, wie die Umstände gerade sind.

Glücksmomente findest du überall, vor allem aber im Hier und Jetzt.

Jeder von uns hat mehrere positive Erlebnisse am Tag, das Problem ist nur, dass diese als solche nicht wahrgenommen und erkannt werden. Man lebt so in den Tag hinein.

Das Leben passiert:
Ein Schmetterling, der sich auf eine Blume setzt.
Ein lachendes Kind, welches in die Arme seiner Mutter rennt.
Das schöne Gespräch mit der Freundin, die lange nicht mehr angerufen hat.
Der Freund, der nachts vorbeischaut, weil man Hilfe benötigt.
Der Lebenspartner, der einen einfach mal in den Arm nimmt.
Eine Nachbarin, die einfach mal »Danke« sagt.
Der Sonnenstrahl auf der Terrasse, der mich einlädt, mal fünf Minuten Pause zu machen und die Wärme zu genießen.
Das motivierende Gespräch mit meinem Vorgesetzten.
Das gewinnbringende Gespräch mit meinem Kollegen.
Das kleine Kind, welches im Regen in eine Pfütze springt.

Läuft das Leben an uns vorbei oder nehmen wir diese Kleinigkeiten bewusst wahr?

Um also einen Glücksmoment zu erschaffen, brauchst du die bewusste Wahrnehmung und eine Möglichkeit, diesen Moment zu speichern!

Nehmen wir ein Beispiel:
Du spazierst durch einen Wald (gratuliere, du nimmst dir Zeit für dich – perfekt). Du kommst an eine Lichtung, verweilst einen Moment und schaust dich in Ruhe um. Bei vollem Bewusstsein (hier und jetzt) und vollkommener Klarheit, achtest du auf jedes noch so kleine Detail. Schärfe deine Sinne.

Jetzt erst nimmst du Dinge bewusst war, die dir vorher nur flüchtig oder gar nicht aufgefallen sind. Du siehst einen Schmetterling und bewunderst seine einzigartige Farbenvielfalt, die Bäume bewegen sich im leichten Wind und du hörst ein leises Rauschen, welches nur durch das Zwitschern der Vögel noch übertönt wird.

Eine Mutter mit einem kleinen Kind geht an dir vorbei und das Kind schenkt dir ein Lächeln, völlig natürlich und aus tiefsten Herzen. Jetzt in diesem Moment realisierst du, dass es ein schöner und glücklicher Moment ist und du möchtest diesen Moment festhalten, speichern und eventuell später noch einmal mit all diesen Gefühlen abrufen. Wenn du dieses Gefühl hast, dann mach einfach den **G**lücks**M**oment**K**lick (GMK).

Du streckst deine Arme nach vorne und formst mit deinen Händen eine Art Kamera. Du wirst dir über diesen schönen, glücklichen Moment bewusst und denkst (besser sogar sagst):

»Das ist ein glücklicher Moment.«

Dann drückst du mit dem rechten Zeigefinger den Auslöser deiner Händekamera und sagst: »Klick«.

Der GlücksMomentKlick

Der
GlücksMomentKlick

Mit diesem kleinen Trick zwingst du dein Gehirn zur Speicherung dieses Bildes und des Gefühls. Damit kannst du diesen Moment und dieses empfundene Gefühl immer wieder abrufen. Darum geht es: Glücksmomente und Glücksgefühle zu speichern und zu verankern.

Ich möchte von einem privaten Erlebnis erzählen und dir damit beweisen, dass es funktioniert: Erwachsene Menschen stecken voller Regeln und Normen, sind meistens im Stress, haben wenig Zeit, wissen alles ganz genau, wissen, was funktioniert und wissen vor allem, was nicht funktioniert. Kinder hingegen, probieren aus, testen, versuchen, erfinden sich fast täglich neu.

Wir können alle von Kindern unendlich viel lernen.

Es ist schon viele Jahre her, mein Sohn war damals 10,9 Jahre (er wurde in drei Monaten elf und er war lange schon keine zehn mehr, sondern eine 10,9, das war ihm wichtig!). Eines Tages im Kinderzimmer, einer der leider seltenen Momente, an denen wir gemeinsam eine lange Zeit spielten, streckt er seine Arme nach vorne, schaut durch seine Hände und sagt: »Klick«.

»Was war denn das?«, fragte ich ihn.

Nils sagte: »Ich habe gerade ein Foto gemacht und freu mich, dass wir heute so lange zusammen spielen.«

Ich war verblüfft, überrascht und gerührt zugleich. Ich hatte gerade von meinem 10,9 Jahre alten Sohn eine Lektion fürs Leben gelernt. Mein Sohn Nils hat also vor vielen Jahren den GMK erfunden und das macht mich stolz. Wir beide haben damals viele bewusste GMKs gemacht und hatten viel Spaß dabei.

Nutze also diesen kleinen Trick, um dein Gehirn zur Speicherung von positiven Erlebnissen zu fördern. Mache den GMK so oft wie möglich und nutze deine Zeit.

Es sind die Erinnerungen, die einst die Zukunft mit Wärme und Kraft füllen werden.

Beat Jan

Denn wenn du deine Erinnerung festgehalten hast, kannst du sie immer wieder hervorholen. In Momenten, in denen du einfach in positiven Erinnerungen schwelgst, oder in Momenten, in denen du positive Erinnerungen brauchst, da du gerade in einer schwierige Zeit steckst. Egal warum, schöne Erinnerungen gibt es viele, fange viele davon mit dem GMK ein. Wie du GMKs im heutigen digitalen Zeitalter auch digital festhalten und jederzeit abrufen kannst, erfährst du im letzten Kapitel »Glück to go« die App, die du als Leser dieses Buches kostenlos nutzen kannst. Sei glücklicher damit.

Das ist mein Geschenk an dich!

So, jetzt klapp das Buch zu und geh mal in den Wald, denn …

… wer glücklich ist, hat mehr vom Leben!

15.

Loben macht glücklich

und zwar mindestens zweifach!

LOB

Deine GLÜCKS Bilanz

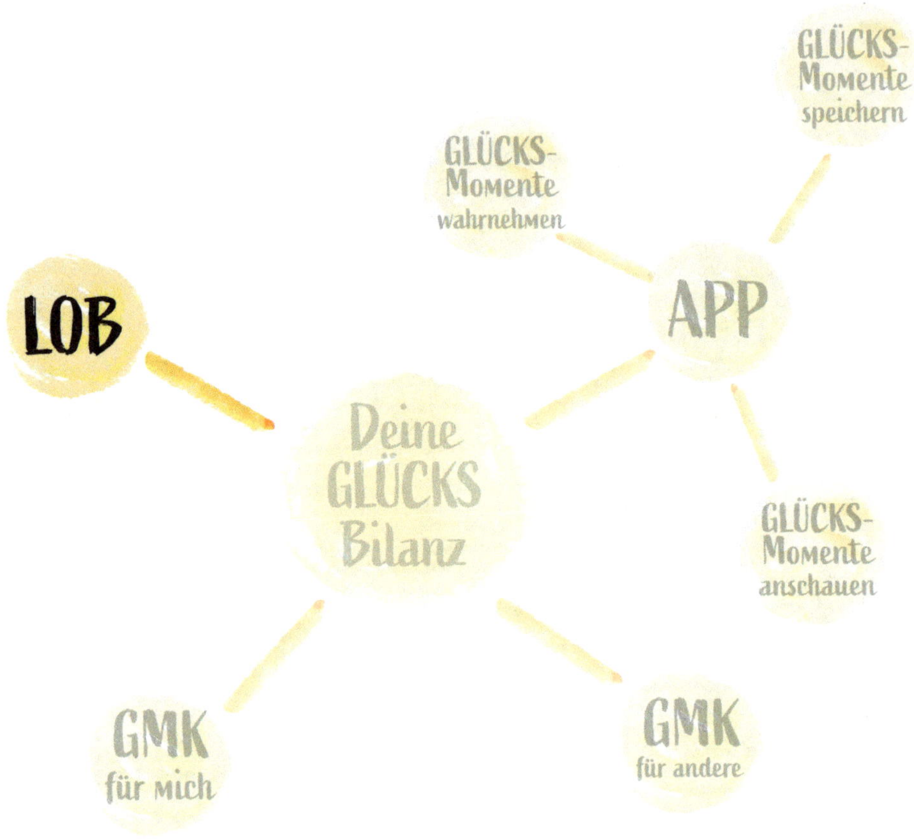

LOB

Deine GLÜCKS Bilanz

APP

GLÜCKS-Momente wahrnehmen

GLÜCKS-Momente speichern

GLÜCKS-Momente anschauen

GMK für mich

GMK für andere

Glücksfaktor Anerkennung:

Ein Loblied auf das Loben

Der Mensch braucht Lob. Die Wertschätzung dessen, was wir tun, ist unser Motivations- und Glücksfaktor. Ein Verhalten, für das wir Anerkennung ernten, wiederholen wir nur allzu gern immer und immer wieder. Im Job heißt das: Wir werden leistungsfähiger und knüpfen bestenfalls an Erfolge an.

Mehr noch: Loben macht uns glücklicher, gesünder und sorgt dafür, dass wir uns mit unserer Arbeit identifizieren.

Deutschland: Entwicklungsland des Lobens

Gute Gründe, die Führungskräfte eigentlich dazu bewegen sollten, ihre Mitarbeiter permanent zu loben. Dennoch sucht man eine Kultur der Anerkennung in vielen Unternehmen vergeblich. Eine Studie des Wissenschaftlichen Instituts der AOK, bei der achtundzwanzigtausend Beschäftigte aus hundertsiebenundvierzig Unternehmen befragt wurden, kam zu dem Ergebnis, dass mehr als die Hälfte selten oder nie von ihren Vorgesetzten anerkennende Worte zu hören bekommen. Vielerorts scheint tatsächlich noch die Devise zu gelten »Nicht gemeckert ist genug gelobt«. Ein alarmierender Zustand – auch oder gerade aus unternehmerischer Perspektive! Denn wo Lob rar gesät ist, wird es bald tatsächlich keine lobenswerten Ergebnisse mehr geben. Unmotivierte und unglückliche Partner laufen bekanntlich selten zu Höchstleistungen auf.

Dabei ist Loben so einfach und sorgt für mindestens zwei glückliche Menschen.

1. Glück für den, der lobt,
2. Glück für den, der Lob bekommt,

weiteres Glück durch positive Kettenreaktion aus den Punkten 1 und 2.

Hier ein paar Beispiele: Unternehmen AMC

Vorderseite bedruckt, Rückseite frei für individuelle Bemerkungen (das ist das Wichtigste).

AMC NRW

Liebe Andrea,

Du bist eine wundervolle Kollegin.
Immer hilfsbereit und positiv gelaunt.
Danke für Deine Unterstützung beim Projekt! Dank Deiner Ideen konnten wir alles umsetzen. Du bist eine Bereicherung! Klaus

Eine Lob-Initiative der AMC NRW.

Verschiedene Motive machen Loben individuell und lockern immer wieder auf.

Eine Blankolobkarte, bei der die Vorder- und Rückseite ganz individuell eingesetzt werden kann.

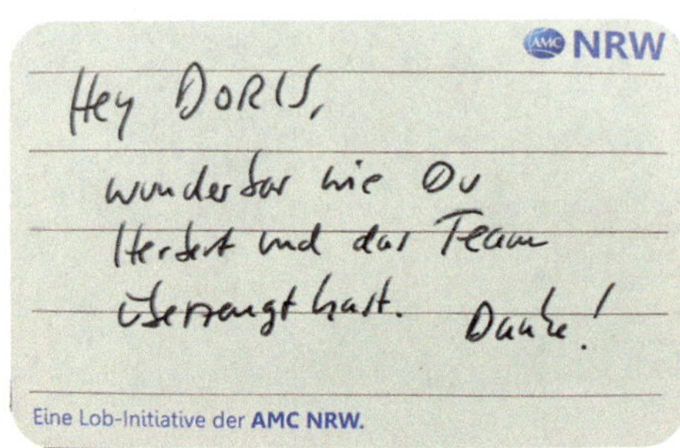

Eine ganz besondere Lobkarte ist die goldene Grandios-Karte.

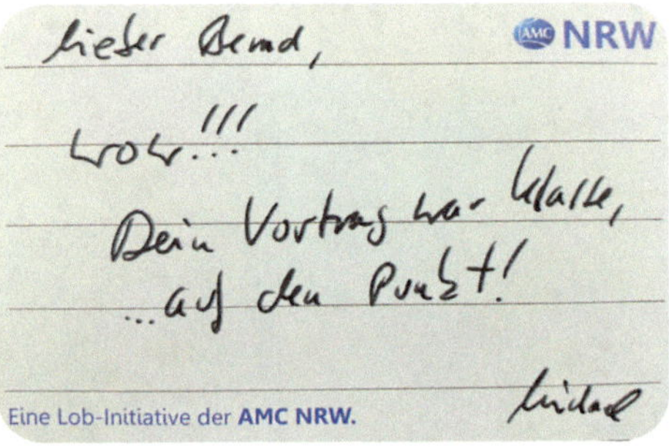

Diese Karte wird für besondere Lobsituationen und nur für ganz außergewöhnliche Momente eingesetzt.

Richtig loben will gelernt sein

Nicht nur als Führungskraft sollte man, also am besten noch heute, mit dem Loben loslegen. Auch unter Kollegen sorgt ehrliches Loben für ein besseres und kollegialeres Arbeitsklima. Loben mit Bedacht, denn auch beim Ausdrücken von Anerkennung gibt es Qualitätsunterschiede.

Folgende Tipps helfen beim richtigen Loben:

1. Das Lob muss ehrlich sein!

Loben des lieben Friedens willen funktioniert nicht. Der Mitarbeiter spürt, ob es sich um echte Wertschätzung handelt oder die warmen Worte nur dazu dienen, ihn bei Laune zu halten.

2. Loben soll wohl dosiert sein!

Lob für alles und jeden führt zu einer Lobinflation. Heißt: Die lobenden Worte sind irgendwann nichts mehr wert und verpuffen ungehört. Hier gilt: Klasse statt Masse!

3. Loben sollte zeitnah erfolgen!

Mitarbeiter brauchen das Gefühl, auf dem richtigen Weg zu sein. Ein einmaliges verbales Schulterklopfen beim Jahresendgespräch ist zwar nett, dabei vergibt man jedoch die Chance, das Team auch zwischendurch immer wieder zu Höchstleistungen zu motivieren.

4. Loben soll präzise sein!

Loben auf konkrete Projekte und Ergebnisse bezogen – am besten im persönlichen Gespräch unter vier Augen. Das zeigt, dass man sich tatsächlich mit der Arbeit des Partners beschäftigen und positive Entwicklungen zum Beispiel bei einem neuen Partner erkennt.

5. Nach dem verbalen Loben sollte auch mal etwas Konkretes zu sehen sein!

Anerkennende Worte sind Balsam für die Seele. Früher oder später sollten diesen aber auch Taten folgen. Das kann eine verantwortungsvollere Aufgabe sein oder der Zuspruch bei einem neuen Partner, dass er genau richtig auf der Position ist und weitere Karriereschritte in Aussicht gestellt bekommt.

Also … loben wir los! Für eine wertschätzende und für alle gewinnbringende Unternehmenskultur in Deutschland und darüber hinaus.

Lob-Karten einfach drucken lassen und los geht's. Zur Not reicht aber auch ein einfacher, handgeschriebener Post-it-Zettel, der anerkennende Worte für jemanden findet.

Loben macht glücklich

und zwar zwei- bis vielfach!

Es macht dich und die gelobte Person glücklich. Beide werden sich danach besser fühlen und der Tag bekommt eine positivere Richtung.

1. Von negativ zu neutral oder
2. von neutral zu positiv oder
3. von positiv zu superpositiv.

Und wieso glücklich zwei- bis vielfach? Es macht das Umfeld von dir und das Umfeld der gelobten Person glücklich, denn du löst damit eine sogenannte positive Kettenreaktion aus.

Du kennst den berühmten Satz des Meteorologen Edward Lorenz:

»Der Flügelschlag eines Schmetterlings, kann einen Orkan auslösen.«

Sei du also der Auslöser und mach den Unterschied.

... Dein Lob an eine Person, kann eine positive Kettenreaktion auslösen. Sei du also die Glücksbeauftragte oder der Glücksbeauftragte in deiner Firma.

Randnotiz: Alle anderen Stellen in deiner Firma sind schon besetzt.

Es gibt schon so viele …

Schlechte-Laune-Verbreiter*innen

Gerüchte-Küche-Verteiler*innen

Pessimisten-Schleuderer*innen

Trübsal-Bläser*innen

Ich-habe-es-immer-schon-gewusst-Opfer

16.

Deine GLÜCKSApp ...

Dein Glück-to-go

GlücksMomentKlick

Schaffe Glücksmomente

LOB

Deine GLÜCKS Bilanz

APP

GLÜCKS-Momente wahrnehmen

GLÜCKS-Momente speichern

GLÜCKS-Momente anschauen

GMK für mich

GMK für andere

GMK

Glücksmomente

» wahrnehmen
» in der App speichern
» anschauen

Was macht deine Glücksbilanz?

Wie viele glückliche Momente konntest du in deinem Leben erfahren und an wie viele kannst du dich noch bewusst erinnern? Genau hier hilft dir deine GlücksApp in Zukunft … dein Glück-to-go

Als erstes ist das Ziel, so viele Glücksmoment wie möglich wahrzunehmen und dir bewusst zu machen.

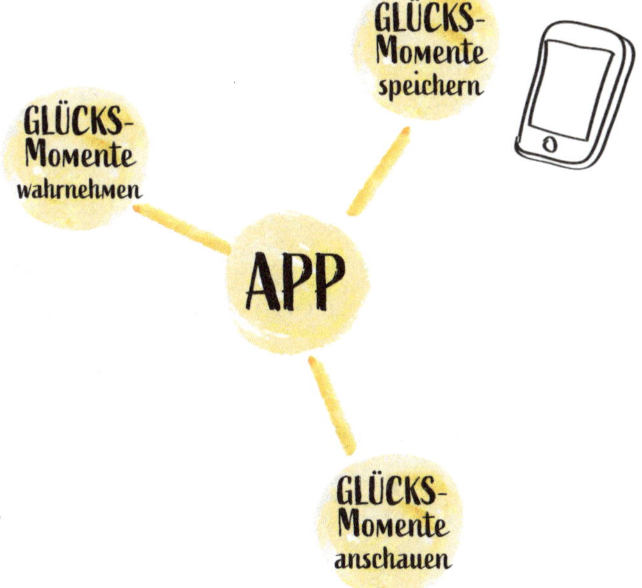

1. Glücksmomente wahrnehmen

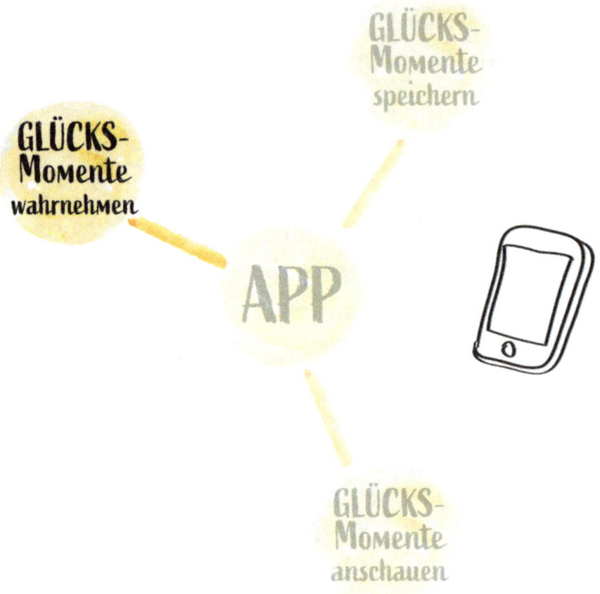

Sei offen, sei neugierig, sei mutig, sei du selbst.
Das, was dein Herz schneller schlagen lässt, wenn du es tust oder darüber redest, ganz egal, was es ist, tue es so oft du nur kannst, denn das ist es, worum es im Leben geht.

Es geht im Leben darum, so viele leidenschaftliche und glückliche Momente zu schaffen, wie es nur geht.

2. Glücksmomente speichern

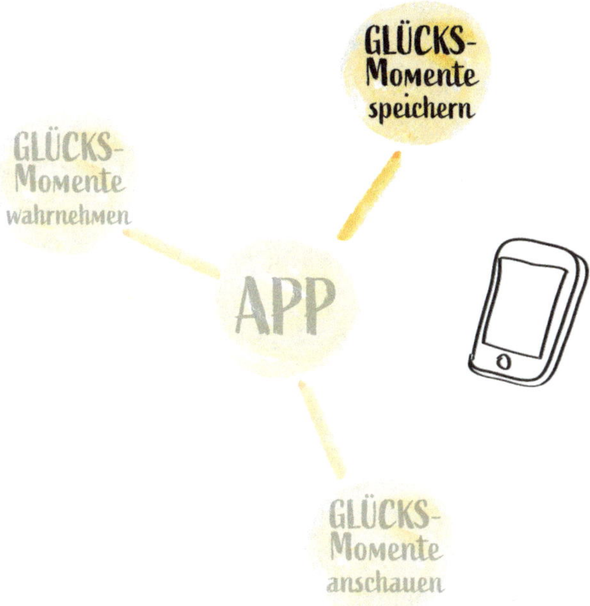

Wenn du wieder einen deiner Glücksmomente gefunden hast, dann mache ein Foto davon und gebe diesem Moment eine Wertung von 1 bis 10.

+10 Glückseligkeit
+ 9 optimal
+ 8 fantastisch
+ 7 großartig
+ 6 super
+ 5 sehr gut
+ 4 gut
+ 3 ziemlich gut
+ 2 in Ordnung
+ 1 okay

GMK To-do-Plan:

1. Du schaffst einen GMK.
2. Du machst davon ein Foto.
3. Du bewertest in der Zehner-Skala dein GMK (damit findest du ihn später schneller wieder).

Du kannst auch bereits fertige Fotos aus deiner Datenbank zu einem GMK machen und bewerten, zum Beispiel dein Hochzeitsfoto, die Geburt deines Kindes, deine Beförderung, ein besonderes Erlebnis et cetera.

Es sind deine Glücksmomente,
die Sternstunden deines Lebens,
die dich für immer tragen.

Die GlücksApp soll dir helfen, dich an viele davon zu erinnern.

Damit hast du die Möglichkeit, Glück,
genauer gesagt dein Glück, auf Knopfdruck zu
reaktivieren.

3. Glücksmomente anschauen

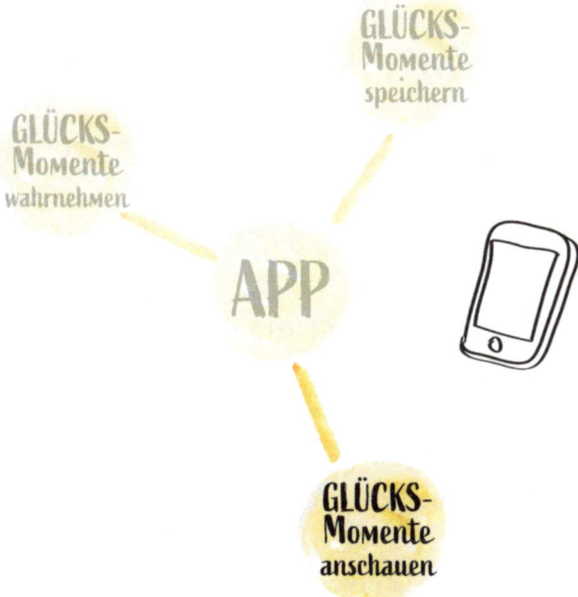

In deiner App sind nun alle deine Glücksmomente gespeichert und kategorisiert (von 1 bis 10). Damit hast du deine Glücksmomente immer bei dir und kannst dich an diese wieder erinnern.

Glück ist ein temporäres Hochgefühl. Durch die bloße Erinnerung an ein positives Glücksgefühl, ist es dir möglich, fast die gleiche Freude noch einmal zu erleben. Erinnerungen sind also dein Glückskapital!

Durch die GlücksApp ist es dir jetzt möglich, bereits erlebte Glücksmomente in Erinnerung zu rufen …

- Wenn du es willst (HappyMoments)
- Wenn du es brauchst (in schwierigen Zeiten)

Positive und glückliche Erinnerungen zeigen dir den Weg zu deinem Glück.

Immer – sofort – abrufbar: Glück-to-go

Es sind nicht immer die großen und lauten Momente, die uns bewegen, es gibt viele leise Momente, die uns den Atem rauben.

Deine kostenlose GlücksApp »Glück-to-go«

findest du hier:

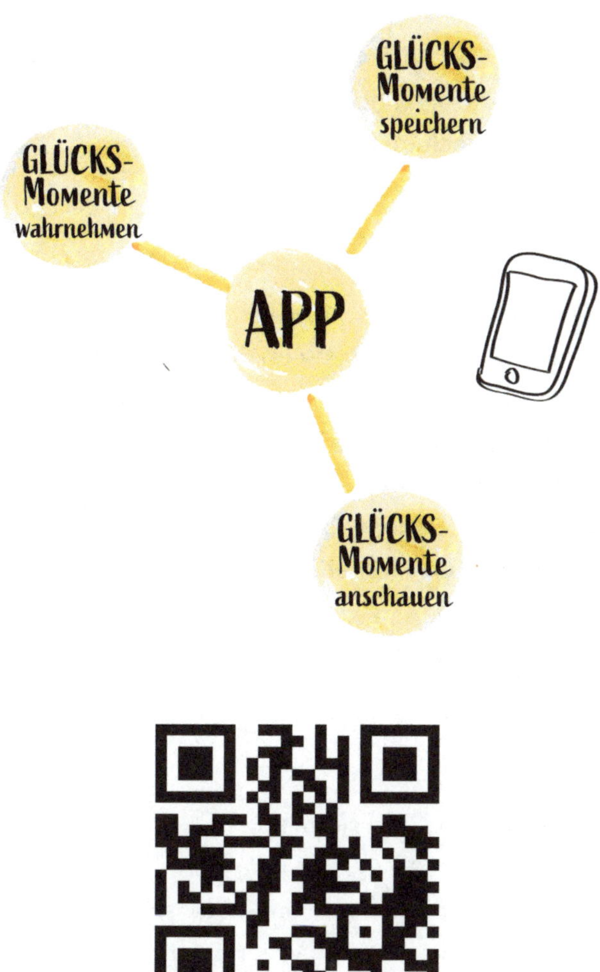

Danke

liebe Leserin und lieber Leser!

Schön, dass du dir Zeit für ein Rendezvous mit deinem Glück genommen hast. Wenn du Fragen oder Anregungen zum Buch oder zur App hast, dann schau einfach mal auf meine Homepage:

www.happyologe.com

Thomas Jefferson hat in seiner amerikanischen Unabhängigkeitserklärung am 4. Juli 1776 Folgendes geschrieben: »Wir halten die folgenden Wahrheiten für selbstverständlich, dass alle Menschen gleich erschaffen worden, dass sie von ihrem Schöpfer mit gewissen unveräußerlichen Rechten begabt wurden, worunter sind Leben, Freiheit und das Streben nach Glück.« Daher wünsche ich dir von Herzen, dass du jeden Tag nach deinem Glück strebst.

Mach die Glücksformel

Glück = Dankbarkeit + ICH + GMK

zu deiner individuellen Glücksformel.

Erschaffe dir glückliche Momente und halte so viele Glücksmomente wie möglich fest, egal wie. Ob auf Vision Boards, in deinen Gedanken, mit Fotos oder mit deiner neuen App.

Auf die Plätze …

glücklich …

… Looooooooooooos!

Danke

an alle, die mich bei meinem Herzensprojekt unterstützt haben und mit Rat und Tat an meiner Seite standen.

Für die vielen offenen Ohren, die mir zugehört haben und die vielen tollen Menschen, die mir wertvolle Tipps gegeben haben.

† **Professor Dr. Alfred Bellebaum** (für Ihre Pionierarbeit)
Joey Kelly (für deine Motivation)
Abt Shi Heng Zong (für deine Inspiration)
Saliya Kahawatte (für dein liebevolles Vorwort)
Dagmar (du bist immer für mich da)
Nils (für deine GMK-Idee)
Laura (für das Logo)
Krešo und Gordana (euer stetiger positiver Zuspruch tut gut)
Marko (mein App-Experte)
Graça und Darius (die besten Fotografen der Welt)
Heike Ebermann (die gute Seele)
Helmut Graf (mein Unterstützer)
Norman Rentrop (mein Mutmacher und Unterstützer)
Rolf Schmiel (deine Tipps haben mein Leben verändert)
Sabine Kempke (für Ihre wundervolle Liebe zum Detail)
Christian Hoffmann (BusinessVillage Verlag)

Literaturliste

Anna Egger (2013): Geschichte »Die gelbe Tüte«. In: Hans Heß (Hrsg.): Erzählbar. 111 Top-Geschichten für den professionellen Einsatz in Seminar und Coaching. manageSeminare. https://www.managerseminare.de/managerSeminare_TV/Erzaehlbar-Mitautorin-Anna-Egger-liest-Die-gelbe-Tuete-vor,213732, abgerufen am 8. Oktober 2021.

Joey Kelly (2021): Das Grüne Band. Zu Fuß von der Ostsee bis nach Tschechien. 1.400 km in 4 Jahreszeiten. National Geographic Buchverlag.

Einträge aus Wikipedia

Professor Dr. Alfred Bellebaum, https://de.wikipedia.org/wiki/Alfred_Bellebaum, abgerufen am 8. Oktober 2021.

Gerhard Schulze, https://de.wikipedia.org/wiki/Gerhard_Schulze_(Soziologe), abgerufen am 8. Oktober 2021.

*Das grüne Band: Das Grüne Band Deutschland ist das erste gesamtdeutsche Naturschutzprojekt: Es wurde auf Initiative des BUND Naturschutz in Bayern e.V. kurz nach dem Mauerfall und der friedlichen Revolution am 9. Dezember 1989 ins Leben gerufen. Der fast eintausendvierhundert Kilometer lange Geländestreifen entlang der ehemaligen innerdeutschen Grenze soll ein Grüngürtel bleiben beziehungsweise es wieder werden. Der fünfzig bis zweihundert breite Geländestreifen reicht von Travemünde bis zum Dreiländereck bei Hof. https://de.wikipedia.org/wiki/Gr%C3%BCnes_Band_Deutschland

Bildnachweise

Autorenfotos: Graça und Darius Bialojan, www.mangual.de

Foto Saliya Kahawatte Seite 16: Ehsan Bordbar

Kugeln/Striche der Illustrationen: tatiana_kost94, https://stock.adobe.com/de

Handy: Victoria_Borodinova, https://pixabay.com/de

Fotos Prof. Dr. Alfred Bellebaum auf den Seiten 44, 50 und 58: Patrik Wenke, Seite 59 Rechte beim Professor Dr. Bellebaum

Bücher (Seite 48): Patrik Wenke

Fotos Shaolin Temple Europe in Otterberg: Patrik Wenke

Autorenfotos auf den Seiten 104/105: Dagmar Wenke

Foto mit Joey Kelly (Seite 134): Patrik Wenke

Bilderrahmen (Seite 163): Silentvoice, https://pixabay.com/de

Wegweiser (Seite 173): geralt, https://pixabay.com/de

Klick Sonnenblume (Seite 183): Patrik Wenke

Zu blöd zum Leben

Frédéric Letzner
Zu blöd zum Leben
Gesundheit geht anders
1. Auflage 2020

204 Seiten; Broschur; 19,95 Euro
ISBN 978-3-86980-531-3; Art.-Nr.: 1096

Wie man gesund lebt, weiß eigentlich jeder. Aber spätestens bei der Umsetzung fällt es uns schwer, das geballte Wissen in die Tat umzusetzen.

Warum gelingt es uns – trotz besseren Wissens – also nicht, auf unsere Gesundheit zu achten? Warum verhalten wir uns lieber unvernünftig?

Frédéric Letzner gibt in seinem neuen Buch darauf Antworten. Denn Gesundheit ist vielmehr eine Frage der Haltung und nicht der von guten Ratschlägen. Menschen sind keine Maschinen, die via Bedienungsanleitung steuerbar sind. Und dicke Menschen sind nicht dumm. Letzners Buch sucht die Konfrontation mit den Tabus und verzichtet auf die üblichen Belehrungen mit ultimativen Tipps.

Frisch, amüsant und ehrlich provokant räumt Letzner mit den weitverbreiteten Gesundheitsmythen auf und illustriert, warum wir uns verhalten wie wir uns verhalten. Erst dieses Bewusst-Machen – ganz ohne erhobenen Zeigefinger – ermöglicht uns die nachhaltige Motivation für ein bewusstes und gesundes Leben. Und das ist einfacher, als Sie denken …

www.BusinessVillage.de

Mehr arbeiten, weniger leiden

Gundolf R. Wende
Mehr arbeiten, weniger leiden
Eine Anleitung zu gesunder Hochleistung in Unternehmen
1. Auflage 2021

252 Seiten; Broschur; 29,95 Euro
ISBN 978-3-86980-617-4; Art.-Nr.: 1136

Viele Menschen fühlen sich in einer komplex gewordenen Welt oftmals überfordert. Gleichzeitig sind aber auch fast alle Menschen viel, viel leistungsfähiger, als sie es sich selbst zutrauen.

Wie lässt sich diese Diskrepanz auflösen? Wie schaffen es Organisationen, das Leistungspotenzial der Mitarbeitenden zu entfesseln? Oder: Warum ist Organisationen das bis heute – trotz vieler Anstrengungen – nicht gelungen?

Wendes Buch liefert Antworten und zeichnet ein optimistisches Zukunftsbild. Die Lösung liegt nicht in mehr Druck, mehr Effizienz oder gar Angst vor dem Abstieg. Es geht besser und gesünder: Menschen – das liegt in ihrer Natur – wollen gerne leisten, ihr Potenzial entfalten und zum Nutzen eines größeren Ganzen beitragen.

Erst wenn wir diesen Grundbedürfnissen Rechnung tragen und die entsprechenden Rahmenbedingungen schaffen, werden Menschen mehr und besser arbeiten und gleichzeitig weniger leiden.

Dazu gehören Prozessorientierung, mentale Fitness und Flexibilität und emotionale Eingebundenheit der Mitarbeitenden. Auf der anderen Seite aber auch Führungskräfte, die selbstreflektiert sind und ihr Ego zurücknehmen können.

Das Buch eröffnet Mitarbeitenden wie Führungskräften und als Ergebnis auch der Organisation selbst eine neue Perspektive. Anschaulich zeigt es, wie wir das Technische mit dem Menschlichen verbinden und etwas Neues schaffen: ein Arbeitsklima, in dem Führungskräfte und Mitarbeitende dauerhaft Hochleistung erbringen können – gesund und mit exzellenten Ergebnissen auf allen Ebenen.

www.BusinessVillage.de

Ich mach mein Ding

Patrizia Patz
Ich mach mein Ding
Wie du Beruf und Berufung vereinst
1. Auflage 2021

250 Seiten; Broschur; 19,95 Euro
ISBN 978-3-86980-599-3; Art.-Nr.: 1120

Wir wurden in einer Gesellschaft konditioniert, in der Arbeit in erster Linie Überleben sichert und Status verleiht. Berufung ist in der gegenwärtigen Arbeitswelt kein wirklicher Aspekt, über den es sich nachzudenken lohnt. Und selbst dann, wenn wir Klarheit darüber haben, wofür wir brennen, was wir wirklich tun wollen, verharren die meisten Berufungssuchenden im bewährten Modell.

Warum tauschen wir so freimütig die scheinbare Sicherheit gegen Freiheit und Erfüllung? Warum ist uns der Mut abhandengekommen?

Antworten liefert Patrizia Patz' Buch. Es lotet die Machbarkeit zwischen Wunsch und Wirklichkeit aus und liefert attraktive Möglichkeiten, unserer Passion und unseren Talenten auf die Spur zu kommen und ein gutes Leben zu verwirklichen – mit einem Beruf, der auch die Rechnungen bezahlt. Damit das gelingt, brauchen wir eine neue Art zu denken und ein wenig Mut, den vorgezeichneten Mainstream-Berufsweg zu verlassen und die eigene Komfortzone zu erweitern.

Die ersten Schritte sind dabei ganz einfach: Verschaffe dir Klarheit über das, was du gerne tust und wofür du brennst. Befreie dich von Erwartungen, denen du entsprechen solltest. Fasse Mut und vertraue auf die Schöpferkraft, die in dir schlummert.

Happy Leaders – Happy People – Great Results

Sabine Bredemeyer
Happy Leaders – Happy People – Great Results
Über die Kunst, ausgeglichen und erfolgreich zu führen
1. Auflage 2019

276 Seiten; Hardcover; 29,95 Euro
ISBN 978-3-86980-452-1; Art.-Nr.: 1066

Es gibt viele Empfehlungen, wie Führungskräfte zu arbeiten haben und mit welchen Methoden und Instrumenten der Führungsalltag effektiv gestaltet werden kann. Doch ein Aspekt wird gerne ausgelassen: Der Mensch in der Rolle als Chef oder Vorgesetzter.

Denn gerade Menschen in verantwortungsvollen Positionen stehen unter enormem Leistungsdruck, verdrängen gerne alle Warnzeichen und ignorieren oft ihre Intuition. Mit einem strengen Fokus auf das Außen, auf Lösungen, auf das, was nicht funktioniert, bleiben sie früher oder später selbst auf der Strecke.

Genau hier setzt Sabine Bredemeyers Buch an. Aus einer überraschend nachvollziehbaren Perspektive zeigt sie, wie Führungskräfte ihre eigene Balance und ihre Selbstbestimmtheit zurückgewinnen, Charisma und Anziehungskraft entwickeln und zum Happy Leader werden, der mit inspirierten Mitarbeitern Großes erreichen kann. Denn erst, wenn wir mit unseren Wünschen, Zielen und unserem Körper im Einklang sind, gewinnen wir echte Lebensfreude zurück.

Dabei sind die ersten Schritte ganz einfach: Entdecke, was du wirklich willst. Achte auf deinen Körper. Nehme bewusster wahr und lerne verstehen, was dein Umfeld dir deutlich signalisiert. Dann werden auch zeitgemäße Führungstools einfacher und mit nachhaltigem Erfolg umsetzbar.